coleção primeiros passos 250

Maria Lourdes Cerquier-Manzini

O QUE É CIDADANIA

4ª edição, 2010

São Paulo

editora brasiliense

Copyright © by Maria Lourdes Cerquier-Manzini
Nenhuma parte desta publicação pode ser gravada, armazenada em sistemas eletrônicos, fotocopiada, reproduzida por meios mecânicos ou outros quaisquer sem autorização prévia da editora.

1ª edição, 1993
4ª edição, 2010
3ª reimpressão, 2013

Diretora Editorial: *Maria Teresa B. de Lima*
Editor: *Max Welcman*
Produção Gráfica: *Adriana F. B. Zerbinati*

Dados Internacionais de Catalogação na Publicação(CIP) (Câmara Brasileira do Livro, SP, Brasil)

Cerquier-Manzini, Maria Lourdes
O que é cidadania / Maria Lourdes Cerquier-Manzini. -- São Paulo : Brasiliense, 2013. -- (Coleção Primeiros Passos ; 250)

3ª reimpr. da 4ª ed. de 2010.
ISBN 978-85-11-00035-1

1. Cidadania I. Título II. Série.

10-09381　　　　　　　　　　　　　　　　　　　　CDD - 323.6

Índices para catálogo sistemático :
1. Cidadania: Ciência política　　323.6

editora brasiliense ltda
Rua Antônio de Barros, 1839 – Tatuapé
Cep 03401-001 – São Paulo – SP
www.editorabrasiliense.com.br

SUMÁRIO

I - Primeira aproximação de cidadania 9

II - Origem da cidadania, ascensão da burguesia
"revolucionária" e de sua cultura 22

III - Marx e cidadania: nem oito, nem oitenta 43

IV - Capitalismo dos oligopólios, globalização
e uso da cidadania 51

V - Welfare State e cidadania em países como o Brasil ... 68

VI - Cidadania, uma categoria estratégica para uma
sociedade melhor 84

Indicações para leitura 103

Sobre a autora 107

Tem certos dias
Em que eu penso em minha gente
E sinto assim
Todo o meu peito se apertar
Porque parece
Que acontece de repente
Feito um desejo de eu viver
Sem me notar
Igual a como
Quando eu passo no subúrbio
Eu muito bem
Vindo de trem de algum lugar
E aí me dá
Como uma inveja dessa gente
Que vai em frente
Sem nem ter com quem contar...
E aí me dá uma tristeza
No meu peito
Feito um despeito
De eu não ter como lutar...

Gente humilde, Garoto,
Chico Buarque e Vinicius de Moraes

Para Gabriela, Lorenzo e Beatriz

PRIMEIRA APROXIMAÇÃO DE CIDADANIA

Há algumas décadas, o tema cidadania voltou a ser mais ventilado no mundo contemporâneo, inclusive no Brasil. Ele aparece na fala de quem detém o poder político (políticos, capitalistas etc.), na produção intelectual e nos meios de comunicação, e também nas camadas mais desprivilegiadas da população.

Nas décadas de 1960 e 1970, esse tema não exercia o mesmo apelo. Ouviamos, então, falar de mudança social, do modelo revolucionário russo ou do chinês. Naquela época, cidadania tinha certa conotação pejorativa, espécie de engodo "à la democracia americana", que não levaria a nada. Hoje, aqueles modelos revolucionários, tais como foram encaminhados inicialmente, mostram-se falidos. Novas propostas, de certa forma relacionadas ao tema cidadania, os sobrepujaram. Bons exemplos foram a perestroika e a glasnost, respectivamente a reforma econômica e a abertura política, na União Soviética e países congêneres.

Assim, a cidadania já foi assunto de debate tanto na democracia ocidental como no chamado "socialismo do Leste", entre as classes abastadas e as menos abastadas, e aparece na pauta de diversos movimentos sociais — que reivindicam saneamento básico, habitação, saúde, educação, fim da discriminação sexual e racial. Depois do período ditatorial, iniciado em 1964, tivemos no Brasil, na década de 1980, a experiência da Assembleia Constituinte que elaborou a Constituição de 1988, fixando um novo quadro de leis relativas aos direitos e deveres dos cidadãos.

Mas de que cidadania fala cada um desses grupos sociais, personagens que ocupam posições tão diferentes na sociedade? Alguns deles têm acesso a quase todos os bens e direitos; outros não, em virtude do baixo salário e do não direito à expressão, à saúde, à educação etc. O que é cidadania para uns e o que é para outros? É importante apreender de que cidadania se fala. Tente responder você mesmo: o que é cidadania? Podemos delinear concepções diferentes e até mesmo opostas. Vou procurar compor adiante o que distingo por cidadania, resultado não de uma apreensão estanque, mas de um processo dialético em incessante percurso em nossa sociedade.

Façamos uma primeira aproximação. O que é ser cidadão? Para muita gente, ser cidadão confunde-se com o direito de votar. Mas quem já teve alguma experiência política — no bairro, igreja, escola, sindicato etc. — sabe que o ato de votar não garante nenhuma cidadania se não vier acompanhado de determinadas condições de nível econômico, político, social e cultural.

Podemos afirmar que ser cidadão significa ter direitos e deveres, ser súdito e ser soberano. Tal situação está descrita na Carta de Direitos da ONU (Organização das Nações Unidas), de 1948, que tem suas primeiras matrizes marcantes nas cartas de Direito dos Estados Unidos (1776) e da Revolução Francesa (1798). Sua proposta mais funda de cidadania é a de que todos os homens são iguais perante a lei, sem discriminação de raça, credo ou cor. E ainda: a todos cabe o domínio sobre seu corpo e sua vida, o acesso a um salário condizente para promover a própria vida, o direito à educação, à saúde, à habitação, ao lazer. E mais: é direito de todos poder expressar-se livremente, militar em partidos políticos e sindicatos, fomentar movimentos sociais, lutar por seus valores. Enfim, o direito de ter uma vida digna como ser humano.

Isso tudo diz mais respeito aos direitos do cidadão. Mas, ele também deve ter deveres: ser o próprio fomentador da existência dos direitos a todos, ter responsabilidade em conjunto pela coletividade, cumprir as normas e propostas elaboradas e decididas coletivamente, fazer parte do governo, direta ou indiretamente, ao votar, ao pressionar por meio dos movimentos sociais, ao participar de assembleias – no bairro, sindicato, partido ou escola. E mais: pressionar os governos municipal, estadual, federal e mundial (em nível de grandes organismos internacionais como o Fundo Monetário Internacional – FMI).

Na realidade, essas propostas são difíceis de serem efetivadas, pois quem detém o poder tende a encaminhar as coisas mais na direção que atenda basicamente aos seus interesses, e não ao interesse de todos, apesar da aparência contrária. Contudo, existe a Carta Universal e ela transparece, em maior ou menor grau, nas Constituições de cada país. A Constituição é uma arma na mão de todos os cidadãos, que devem saber usá-la para encaminhar e conquistar propostas mais igualitárias. Por esse motivo, o que apresentei como direitos e deveres (conteúdo do exercício de cidadania) é algo possível, mas dependente do enfrentamento político adotado por quem tem pouco poder. Só existe cidadania se houver a prática da reivindicação, da apropriação de espaços, da pugna para fazer valer os direitos do cidadão. Nesse sentido, a prática da cidadania pode ser a estratégia, por excelência, para a construção de uma sociedade melhor. Mas o primeiro pressuposto dessa prática é que esteja assegurado o direito de reivindicar os direitos, e que o conhecimento deste se estenda cada vez mais a toda a população.

As pessoas tendem a pensar a cidadania apenas em termos dos direitos a receber, negligenciando o fato de que elas próprias podem ser o agente da existência desses direitos. Acabam por relevar os deveres que lhes cabem, omitindo-se no sentido de serem também, de alguma forma, parte do governo, ou seja, é preciso trabalhar para conquistar esses direitos. Em vez de meros receptores, podem ser, acima de tudo, sujeitos daquilo que podem conquistar. Se existe um problema em seu bairro ou em sua rua, por exemplo, não se deve esperar que a solução venha espontaneamente. É preciso que os moradores se organizem e busquem uma solução capaz de atingir vários níveis, entre eles o de pressionar os órgãos governamentais competentes. E assim também pressionem por maior extensão e qualidade de atendimento do direito à saúde, trabalho, moradia, escolaridade etc.

Desse modo, penso que a cidadania é o próprio direito à vida no sentido pleno. Trata-se de um direito que precisa ser construído coletivamente, não só em termos do atendimento às necessidades básicas, mas de acesso a todos os níveis de existência, incluindo o mais abrangente, o papel do(s) homem(s) no Universo. Deparamo-nos com o processo globalizante e a necessidade de dar conta, também, da questão ecológica do planeta.

Para facilitar a compreensão, detalharei a cidadania em termos de direitos civis, políticos e sociais. Essa divisão serve apenas à análise; para que esses direitos sejam efetivamente atendidos, eles devem existir interligados.

Por exemplo: o atendimento real dos direitos sociais — e mesmo dos civis — depende da atuação política, isto é, de que vigorem os direitos políticos. Vamos falar um pouco de cada um desses direitos e de suas inter-relações.

Direitos civis

Os direitos civis dizem respeito basicamente ao direito de se dispor do próprio corpo, locomoção, segurança etc. Parece óbvio que somos donos do nosso próprio corpo. Afinal, não nos movimentamos, dormimos e andamos por ele? Mas, na realidade, esse direito é muito pouco respeitado para a maior parte da população mundial, e ainda mais em países em desenvolvimento como o Brasil.

Tomemos, por exemplo, a experiência brasileira de quase duas décadas de ditadura tecnocrata-militar. Foi um período de anticidadania, de cerceamento da expressão e da liberdade, de trancafiamento, de tortura e mesmo de eliminação daqueles que se opunham à forma de pensar e agir então dominantes. Isso é prática usual sob regimes ditatoriais — para não lembrar os campos de concentração dos regimes nazi-fascistas, de certa forma reproduzidos na América Latina, nas décadas de 1980 e 1990 (principalmente na Argentina e no Chile), durante as ditaduras militares.

Essa prática tirânica também ocorreu, destacadamente e em suas formas particulares, no chamado "socialismo do Leste": grande restrição à expressão e à locomoção física, existência de campos de trabalho forçados e de hospitais especiais para dissidentes. Como se sabe, tal situação se desmantelou. Grandes modificações ocorreram. Contudo, outros tipos de governos autoritários e disputas territoriais desenvolveram-se nessas regiões.

Mas nem é preciso ater-se aos regimes de exceção, as ditaduras. No Brasil da chamada Nova República, e mesmo na sua sequência, assistimos a fenômenos que explicitam a nossa não cidadania. Exemplo gritante no século XX: os Esquadrões da Morte, por meio dos quais a polícia decidia torturar ou matar os considerados marginais, num processo de "profilaxia social", considerando que determinados homens não valem nada, não passam de números.

O quadro torna-se mais grave quando refletimos sobre quem são esses "marginais" — na maioria, a população advinda da classe trabalhadora, levada à marginalidade devido à própria exclusão (e, portanto, repressão) a que foi submetida pelo regime tecnocrático-militar, cuja estrutura ainda hoje subjaz de algum modo. No século XXI, segue-se um processo semelhante praticado pelos chamados "grupos de extermínio". Aqui se depara, também, com a dificultosa questão do tráfico de drogas.

Outro exemplo doloroso de nossa não cidadania: a existência de fazendas, principalmente nas regiões Norte e Nordeste do país, onde trabalhadores rurais são tratados como escravos, mantidos em regime de cerceamento, conforme denúncias feitas frequentemente nos meios de comunicação. Isto se passa há décadas, desde o século passado, avançando ainda neste nosso século XXI.

Ainda sobre o direito ao corpo, os direitos civis: quem disse que os trabalhadores escolhem onde vão colocar os seus corpos e em que condições e ritmos vão trabalhar? O capitalismo contemporâneo, com um sistema de produção baseado em tecnologia cada vez mais complexa, exige de corpos e mentes dos trabalhadores um esforço e um sofrimento desumanos. Vale a pena assistir (ou rever) ao filme *Tempos modernos* (1936). Nele, Charles Chaplin nos mostra, com sensibilidade inigualável e perspectiva tragicômica, o sofrimento do trabalhador na fábrica: há o que vira "marginal", o que serve de cobaia para novas tecnologias e tratamentos de saúde, o que tem o sonho da casa própria etc. Isso, na década de 1930. E, nos dias de hoje, a situação só parece ter se agravado.

A luta pelos direitos civis de locomoção, de liberdade de expressão, tem sido bastante intensa no mundo, inclusive na América Latina. Mas ainda há muito a fazer antes de se poder afirmar que esses direitos são respeitados. De qualquer forma, eles dependem da vigência dos direitos políticos; estes, por sua vez, dependem da vigência de regimes efetivamente democráticos.

Direitos sociais

Os direitos sociais dizem respeito ao atendimento das necessidades humanas básicas. São todos aqueles que devem repor a força de trabalho, sustentando o corpo humano — alimentação, habitação, saúde, educação etc. Dizem respeito, portanto, ao direito ao trabalho, a um salário decente e, por extensão, ao chamado salário social, relativo ao direito à saúde, educação, habitação etc. O que dizer do atendimento a esses direitos no Brasil, quando se sabe que grande parte da população se encontra em situação de clamorosa injustiça e pobreza?

Chamo a atenção para a importância que assumiram os direitos sociais na etapa contemporânea; é precisamente sobre esses direitos que os detentores do capital e do poder têm construído a sua concepção de cidadania. Com ela, procuram administrar a classe trabalhadora, mantendo-a passiva, "receptora" desses direitos, que supostamente devem ser agilizados espontaneamente pelos capitalistas e pelos governantes. Mas, ao mesmo tempo, essa concepção de cidadania faz parte de um conjunto de modificações do capitalismo contemporâneo que pode acenar com uma sociedade melhor.

Se, de um lado, isso pode ser um engodo, de outro pode vir a se tornar realidade se os trabalhadores e demais cidadãos subalternizados reverterem o quadro, ao procurarem ocupar efetivamente os espaços acenados para os direitos.

Direitos políticos

Convém falar dos direitos políticos e, depois, retomar aos direitos sociais (ou mesmo civis), pois a ligação ou o desligamento entre os dois, a meu ver, levam a diferentes experiências de cidadania.

Os direitos políticos dizem respeito à deliberação do homem sobre sua vida, ao direito de ter livre expressão de pensamento e prática política, religiosa etc. Mas, principalmente, relacionam-se à convivência com os outros homens em organismos de representação direta (sindicatos, partidos, movimentos sociais, escolas, conselhos, associações de bairro etc.) ou indireta (pela eleição de governantes, parlamento, assembleias), resistindo a imposições dos poderes (por meio de greves, pressões, movimentos sociais). E, ainda, dizem respeito a deliberações dos outros dois direitos, os civis e os sociais — esclarece quais são esses direitos e de que modo chegar a eles.

Em suma, esses três conjuntos de direitos, que comporiam os direitos do cidadão, não podem ser desvinculados, pois sua efetiva realização depende de sua relação recíproca. Esses direitos, por sua vez, são dependentes da correlação de forças econômicas e políticas para se efetivar. Nesse contexto está a difícil reflexão: os direitos de uns precisam condizer com os direitos dos outros, permitindo a todos o direito à vida no sentido pleno — traço básico da cidadania.

ORIGEM DA CIDADANIA, ASCENSÃO DA BURGUESIA "REVOLUCIONÁRIA" E DE SUA CULTURA

E onde está a origem da cidadania? Atribui-se em princípio à cidade ou pólis grega. A pólis era composta de homens livres, com participação política contínua numa democracia direta, em que o conjunto de suas vidas em coletividade era debatido em função de direitos e deveres. Assim, o homem grego livre era, por excelência, um homem político no sentido estrito.

A cidadania está relacionada ao surgimento da vida na cidade, à capacidade de os homens exercerem direitos e deveres de cidadão. Na atuação de cada indivíduo, há uma esfera privada (que diz respeito ao particular) e uma esfera pública (que diz respeito a tudo que é comum a todos os cidadãos). Na pólis grega, a esfera pública era relativa à atuação dos homens livres e à sua responsabilidade jurídica e administrativa pelos negócios públicos. Viver numa relação de iguais como a da pólis significava, portanto, que tudo era decidido mediante palavras e persuasão, sem violência. Eis o espírito da democracia. Mas a democracia grega era restrita, pois incluía apenas os homens livres, deixando de fora mulheres, crianças e escravos.

Embora fossem escravistas, as sociedades grega e romana promoveram em suas cidades certo exercício de cidadania. Contudo, no período que vai do século V ao XIII, desenvolveu-se a sociedade feudal — que era rural. Foi só com o desenvolvimento da sociedade capitalista (cujo início podemos talvez situar no século XV), com a longa ascensão da burguesia em luta contra o feudalismo, que se retoma pouco a pouco ao exercício da cidadania, como parte da existência dos homens vivendo novamente em núcleos urbanos.

Para uma primeira aproximação, vale a pena retroceder às revoluções burguesas, particularmente à Revolução Francesa. Com elas, estabelecem-se as Cartas Constitucionais, que se opõem ao processo de normas difusas e indiscriminadas da sociedade feudal e às normas arbitrárias do regime monárquico ditatorial, anunciando uma relação jurídica centralizada, o chamado Estado de direito. Este surge para estabelecer direitos iguais a todos os homens, ainda que perante a lei, e acenar com o fim da desigualdade a que os homens sempre foram relegados. Assim, diante da lei, todos os homens passaram a ser considerados iguais, pela primeira vez na história da humanidade. Esse fato foi proclamado principalmente pelas constituições francesa e norte-americana, e reorganizado e ratificado, após a Segunda Guerra Mundial, pela ONU, com a Declaração Universal dos Direitos do Homem (1948).

Lembre-se, aqui, a importância de uma constituição. É um documento que limita o poder dos governantes e condensa a ideia dos direitos e da cidadania, único instrumento não violento para a segurança dos cidadãos, que não podem ser tratados arbitrariamente. Os homens de uma sociedade mantêm-se como cidadãos à medida que partilham as mesmas normas e podem lançar mão delas para se defender. Constituição violada significa cair na tirania e no arbítrio dos que têm o poder econômico e/ou político.

Detenho-me na ascensão da burguesia (antes, os comerciantes) para entender melhor a restauração dos direitos (da cidadania) e, agora, da extensividade a todos os homens — ainda que perante a lei.

Se foi com as revoluções burguesas que a burguesia tomou o poder estatal, e se foi com a Revolução Francesa que se instauram de vez a burguesia como classe dominante e o capitalismo como forma de produzir e viver, como situar a questão do Estado de direito e da cidadania? Como intrinsecamente burguesa? Respondo com um sim e um não.

Não, se identificarmos esses resultados como conquista da burguesia — que se processa no longo período de transição entre o feudalismo e o capitalismo — por valores universais, quando carrega todos os segmentos subalternizados (camponeses, artesãos etc.), o chamado "Terceiro Estado", para a revolução.

Sim, se nos ativermos à concepção do Estado de direito, de cidadania, depois que a burguesia se transforma em classe dominante principalmente depois que Napoleão Bonaparte se torna imperador, difundindo o capitalismo pelo mundo, a partir do século XIX.

Vou me deter agora sobre o que permite identificar cidadania de conteúdo mais universal com a burguesia, que estava no longo processo de transformação de feudalismo para o capitalismo. Para essa fase, estarei usando precariamente a nomenclatura capitalismo em formação ou primeira etapa do capitalismo, pois não se pode considerá-la capitalista no sentido estrito. Nesse período a burguesia tinha um caráter revolucionário e era força construtiva de uma estrutura que inclui o desenvolvimento das cidades e, depois, das nações.

Para haver nação, era preciso que a burguesia promovesse a unificação de regiões, rompendo a organização descentralizada dos feudos. A desagregação do feudalismo variou de região a região da Europa, em questão de séculos. A unificação de Portugal e a da Espanha, por exemplo, realizaram-se antes que a da Inglaterra e da França; suas revoluções burguesas deram-se ainda em fins dos séculos XIV e XV. Foi por isso mesmo que Portugal e Espanha, com essa organização centralizada nacionalmente, puderam lançar-se aos mares na conquista de novos continentes.

Essas duas nações parecem ter liderado a fase de formação do capitalismo: a acumulação do capital em nível de capital comercial. A unificação – e, depois, revolução burguesa – ocorreu na Inglaterra apenas no fim do século XVII, com a Revolução Gloriosa de 1688, quando o rei Jaime II foi decapitado e teve início a era do poder parlamentar. Foi com ela que o processo capitalista adquiriu maior significação, sendo completado um século mais tarde com a Revolução Francesa, em 1789.

Contudo, mesmo antes de criar a nação, a burguesia vinha constituindo a cidade e, com isso, um tipo específico de viver – o urbano – e de homem – o cidadão. Esse longo processo se fez através dos séculos.

Quero assinalar o duplo recorte da ascensão do capitalismo, que identifica o seu aspecto contraditório. De um lado, trata-se do processo – o mais avançado que a humanidade já conheceu – de saída do imobilismo da sociedade feudal. Nessa evolução, despontou a cidadania, em sua proposta de igualdade formal para todos. De outro lado, porém, delineia-se o processo de exploração e dominação do capital.

Cada um desses recortes permite uma concepção de cidadania. Mas é difícil demarcar uma e outra, porque esses recortes se sobrepõem um ao outro em diferentes momentos históricos, num debate contínuo de aproximação e contrários, de evolução e de exploração.

De momento, abordo aqui mais o caráter de evolução, a proposta emancipatória contida nas revoluções burguesas. Mas por que a Revolução Francesa nos trouxe a proposta de cidadania, de igualdade de todos, ainda que somente perante a lei? Porque ela significou um rompimento profundo com o direito obtido pelo nascimento, característico da sociedade feudal.

O Estado de direito coloca-se como o oposto ao Estado de nascimento, ao Estado despótico, até então existente sob a regência da aristocracia. Neste último, a sorte dos homens podia ser decidida arbitrariamente; não havia como se opor à morte ou a outras imposições. Assim o foi também, de forma tirânica, na Idade Média. Na sociedade feudal, os servos e os camponeses eram tratados como gado, agregados à gleba; não tinham escolha sobre seus destinos, nem arbítrio sobre seus valores. Se, sob o Estado monárquico, os camponeses e os trabalhadores já desfrutavam certa liberdade de locomoção e algum desígnio de suas vidas, estavam, contudo, submetidos aos desejos do monarca e não tinham como defender sua segurança pessoal. Tudo isso mudou com o surgimento do Estado liberal burguês, quando a burguesia instaurou o Estado de direito.

Assim, creio que uma forma de compreender a cidadania é ver como ela se desenvolve juntamente com o capitalismo, pois estará também vinculada à visão da classe que o instaurou: a classe burguesa.

Toda essa revolução começou, de certa forma, com a valorização do trabalho. Na Idade Média, o trabalho era desprestigiado, indigno, mesmo o de um cavalheiro, o de um nobre. Com a ascensão da burguesia, o surgimento das cidades e da vida urbana, despontam os cidadãos que trabalham, fazem comércio, desenvolvem o sistema fabril e administram a coisa pública em termos de direitos e deveres — resultado de um longo processo de oposição ao imobilismo e dogmatismo da Igreja e nobreza da sociedade feudal.

Essa valorização do trabalho — primeiro marco para a existência de cidadania — pode ter sua origem datada com as revoltas religiosas e a revolução protestante no século XIV. Se com Lutero (1483-1546) tivemos as primeiras disputas, foi com Calvino (1509-1564) e a ética protestante que se desenvolveu e sistematizou essa valorização do trabalho. Não havia mais como assegurar o plano divino com a compra de indulgências ("pedaços do Céu") pelos ricos em doações à Igreja, como acontecia antes. O Reino dos céus já cabia aos pobres pelo seu sofrimento.

Com a "revolução" protestante, todo esse esquema se esvaiu. Não havia mais salvação assegurada. Como já não se sabia quem estaria entre os escolhidos, o que se podia fazer era seguir a ética religiosa, na tentativa de estar entre os que seriam salvos. E a ética dizia que o homem devia trabalhar, e não trabalhar por trabalhar, mas fazê-lo produtivamente (ao contrário, portanto, do desprestígio do trabalho na sociedade feudal). Isso porque o homem seria o administrador e criador dos bens divinos na Terra. Eis a ética que influenciou todo o comportamento do burguês e empresário no início do capitalismo: leva a uma ideologia que é a própria mola da acumulação do capital.

Assim, o empresário deve trabalhar, viver asceticamente e acumular.

Nesse contexto, surge a ciência experimental, que depende do trabalho. Pode-se ter em Galileu Galilei (1564-1642), juntamente com Descartes (1596-1650), um marco da revolução no pensamento. Na visão clerical, a Terra era imóvel, assim como as estrelas numa abóbada celeste e todo o Universo. De acordo com esse esquema, a Terra era o centro do Universo, assim como a Igreja — enquanto centro do poder — era o centro da Terra. Até então, na Idade Média, a Igreja dispunha de todo o poder. O que aconteceu quando Galileu afirmou que as estrelas não eram imóveis e que a Terra não era o centro do Universo? Rompeu-se o poder da Igreja: tirando a Terra do centro do Universo, a Igreja foi deslocada do centro da Terra, ou seja, abalou-se a sua racionalidade e, portanto, o seu poder. Passou-se, então, da racionalidade da Igreja para uma nova racionalidade a nortear os homens, que permitiu, em sua evolução, a retomada da ideia de cidadania surgida com os gregos.

Acenou-se, de certa forma, com a proposta que surgiria séculos depois, sobre a possibilidade de todos os homens serem iguais, ainda que apenas perante a lei. A concepção de que todos os homens podem ser iguais pelo trabalho e pela capacidade que têm — eis aí a visão de mundo burguesa, que preza o individualismo e um tipo de cidadania.

Cultura burguesa e concepção de cidadania

Com a ascensão do capitalismo e, portanto, da burguesia, desenvolveu-se uma visão de mundo e uma forma de viver distintas daquelas da sociedade feudal — enfim, uma nova racionalidade, uma nova ideologia.

Em primeiro plano, a ideologia é composta de ideias que, por sua vez, expressam valores capazes de serem incorporados pelos indivíduos ou pelos grupos de indivíduos no decorrer de sua vida. Isso se realiza pela educação, pela vida em sociedade, e é o que orienta o comportamento de indivíduos e grupos. Todos os indivíduos e grupos possuem ideologias que lhes permitem orientar-se em tal e qual sociedade, pois comportam a explicação de si próprios e das coisas do mundo em que vivem. No sentido mais amplo, pode-se compreender a ideologia como uma concepção de mundo, expressão cultural de uma época cujo interior pode ser formado por muitos veios, mesmo contraditórios — se considerarmos que a ideologia é a expressão do embate entre várias formas de pensar e agir dos grupos que formam a sociedade.

Por exemplo: a concepção de direitos humanos contida na luta da burguesia e do resto do Terceiro Estado (camponeses, artesãos, "povo") vai redundar em conceitos e práticas diferentes. O "povo" concebia esses direitos extensivos a proprietários e a não proprietários. A burguesia, deixando de ser revolucionária (e deixando de ser Terceiro Estado) para tornar-se o grupo vencedor e que está no poder, irá vincular direitos humanos somente àqueles que têm propriedade.

É com esse conceito de ideologia e de embate em seu interior que pode ser entendida a visão de mundo burguesa, cuja formação demorou alguns séculos. A base de sua inspiração estava na releitura dos clássicos (gregos e romanos), que teve grande expressão na Renascença, apreendendo deles tudo o que de melhor se acreditava ter havido na humanidade. Ao mesmo tempo, foi-se compondo uma explicação de mundo que permitiria a dominação de grupos da burguesia. É por isso que determinadas formulações de cidadania manterão o seu caráter universal e, outras mais, o caráter de legitimar a dominação. Quando temos um conceito de cidadania vinculado reciprocamente à propriedade, trata-se da cidadania mais formal, a que serve à dominação. Num tipo de cidadania mais efetivo, os direitos são extensivos, quantitativa e qualitativamente, a todos.

A visão de mundo burguesa foi formada por intelectuais. O traço mais ou menos comum a todos eles era o de rebaterem a concepção básica da visão de mundo feudal (o direito pelo nascimento), contrapondo a este o estado natural em que todos os homens nascem livres e com direitos. Todos, em princípio, irão abarcar a questão da cidadania, por construções diversas. Vou me deter um pouco em Locke, Rousseau e Kant para facilitar a compreensão do tema.

No *Segundo tratado sobre o governo*, de John Locke (1632-1704) há uma composição de cidadania que permite uma interpretação de como ela pôde servir para legitimar a exploração que os burgueses farão sobre os trabalhadores. Retomo uma ideia de Locke que me parece importante destacar, sobre a propriedade do corpo: cada um tem uma propriedade em seu próprio corpo que só a ele diz respeito.

Entretanto, essa ideia vai adquirindo outra conotação, trabalhando o vínculo de propriedade do corpo e cidadania, Locke o faz de tal forma que passa a indicar quem, segundo ele, tem a propriedade do próprio corpo e, portanto, quem é realmente cidadão. Ele afirma que a propriedade não é exatamente o corpo, mas o fruto que o corpo produz pelo trabalho ao se apropriar da natureza. E argumenta que essa apropriação não precisa do consentimento expresso de todos os homens. Para Locke, o que é meu não é só o que retiro da natureza por mim mesmo, mas tudo aquilo retirado da natureza por meu cavalo, por meu criado. Aqui, ele começa a delinear os cidadãos e os não-cidadãos, os que têm propriedade do corpo e os que têm o corpo mandado.

Locke vai assim, pouco a pouco, esvaziando a possibilidade de sua afirmação inicial, de que todos têm uma propriedade no próprio corpo. Em certo momento do texto, ele sai à busca da autoridade para essa apropriação e argumenta que o direito a ela pertence aqueles, conforme suas palavras, que são os mais diligentes e racionais, em vez de preguiçosos e incapazes. Está aí perfilada a ideologia capitalista — da lei dos mais aptos e da competição —, possibilitando a exploração de grupos de homens por outros. Assenta-se aí, também, uma construção da cidadania que desenha a desigualdade.

Por outro lado, encontramos em Jean-Jacques Rousseau (1712-1778) uma construção de cidadania bem diferente, que aponta não para a exploração, mas para relações mais justas entre os homens. Em "O contrato social", ele se diz em busca do regime político legítimo. "Nenhum homem tem autoridade natural sobre seu semelhante", argumenta Rousseau; "a força não produz nenhum direito. É um alerta contra o despotismo e a tirania. Nos cárceres, continua ele, vive-se com tranquilidade, mas isso é suficiente para nos sentirmos bem? Renunciar à liberdade é, para o homem, renunciar à sua qualidade de homem, aos direitos da humanidade e aos próprios deveres". Rousseau fez um certo traçado de cidadania, com suas contradições, mas que elimina a possibilidade de exploração, de dominação de homem sobre homem.

Há uma síntese da proposta dessa convivência democrática em seu *O contrato social*, que é a própria síntese do contrato entre os homens para que isso se realize preservando-se os direitos e deveres de todos: "Encontrar uma forma de associação que defenda e proteja com toda a força comum as pessoas e bens de cada associado e pela qual, unindo-se a todos, só obedece, todavia, a si próprio e permanece tão livre quanto anteriormente".

Rousseau fala de uma democracia direta, da qual todos participariam. Sei que é difícil entender esse raciocínio, pois só conhecemos a democracia formal, em que somos representados no poder pelos deputados, presidente etc. que elegemos. Pode existir, contudo, a administração da coisa pública de modo direto em formas fragmentárias: na gestão de uma escola, sindicato, hospital ou de uma organização qualquer.

Um traço importante na concepção de cidadania de Rousseau é a preocupação em não separar a igualdade (mais ligada ao aspecto econômico) da liberdade (cujo vínculo é mais político). Isso fica mais claro quando ele reitera que nenhum homem pode ser tão rico a ponto de sua posição lhe permitir comprar o outro, e tampouco um outro tão pobre a ponto de se vender.

Rousseau apresenta posição oposta à de Locke, ao elaborar uma precaução contra a exploração de uns pelos outros, e também no modo pelo qual toma o exercício da cidadania, entremeado no nível econômico e político, sem disjunção entre liberdade e igualdade.

Detenho-me ainda sobre Immanuel Kant (1727-1804), particularmente sobre o seu texto *A paz perpétua*, para verificar como ele situa o Estado de direito e, consequentemente, a sua concepção de cidadania. Assume importância crucial a questão do Estado de direito no pensamento kantiano, que abrange não só o relacionamento entre indivíduos, mas também a relação dos Estados nacionais entre si. Para Kant, é o Estado de direito que pode assegurar o desenvolvimento pacífico necessário ao progresso da humanidade, sem retomar à barbárie primitiva. É o instrumento pelo qual se pode viver civilizadamente. Kant afirma que o desenvolvimento da história humana depende do desenvolvimento da história da sociedade jurídica.

Acredito que, como eu, o leitor também alimente um certo ceticismo e pessimismo em relação às leis. Contudo, o Estado de direito, o governo pelas leis, foi uma conquista histórica da humanidade e deve ser irreversível. Com toda a sua ambiguidade, a lei pode ser também instrumento da maioria dos cidadãos. É preciso utilizar-se dela, ajudá-la e construí-la da melhor forma possível. Mas não devemos ser ingênuos e acreditar que a luta pela cidadania se restringe às leis, embora elas lhe sejam essenciais. As leis são instrumentos importantes para fazer valer nossos direitos, ainda que por meio de inúmeras pressões sociais. E, quanto mais a sociedade evolui, mais os homens serão capazes de lidar com os conflitos pela palavra, conforme o espírito da pólis grega.

Acho importante essa dimensão de os homens lutarem por leis justas. Elas são a sedimentação de outras lutas e de certa estruturação da cidadania — que, por sua vez, está sempre em processo. Só as leis não constroem a cidadania, mas é importante que os homens comuns, os trabalhadores, se apropriem também do espaço para a construção de leis favoráveis à extensão da cidadania.

À semelhança de Rousseau, Kant fala no cidadão e no súdito. Esses devem obedecer às normas da lei, mas, enquanto homens que raciocinam, devem fazer uso público da própria razão e estar num processo contínuo de crítica às leis, se consideram que elas são injustas, para que exista um processo também contínuo de reformulação desse Estado de direito.

Analisando, portanto, esses três teóricos da cultura burguesa, podemos inferir linhas distintas para pontear uma concepção de cidadania. Quero concluir que a cidadania não é uma categoria burguesa no sentido estrito. É uma categoria que pode também ser elaborada, apropriada e utilizada pelos trabalhadores, como o foi pela burguesia revolucionária e, depois, pela burguesia dominante no sentido que lhe conveio, e novamente reedificada em nosso século pelos capitalistas tecnocratas.

A bem da verdade, ressalte-se que a cidadania pode ser reedificada pelos trabalhadores mais no seu sentido universal, pois só assim servirá de fato a eles. Isso depende de uma luta contínua e efetiva para fazer valer universalmente os direitos civis, sociais e políticos. É uma reedificação da apropriação histórica, que tem sua gênese na pólis grega, ainda que restrita aos homens livres, mas que interessa como qualidade de os homens decidirem sobre suas próprias vidas, e que se universaliza, com a Revolução Francesa, enquanto proposta de governar com uma Constituição e de ênfase na atuação da esfera pública.

Uma constituição está assentada em três poderes que devem ser independentes: executivo, legislativo e judiciário.

O Poder Executivo refere-se ao exercício do presidente na execução dos projetos políticos e leis, decorrentes de debates e formulações de deputados e senadores no âmbito do Poder Legislativo, ratificados (ou não) e fiscalizados pelo Poder Judiciário. Cumpre recordar também um quarto poder hoje em vigor: o da imprensa e dos meios de comunicação em geral, fundamentais para a formação da opinião pública no mundo atual.

Esse quarto poder é também atravessado pela ambiguidade do capitalismo. De um lado, por exemplo, denunciou o caso Watergate e acabou provocando a queda do presidente dos EUA Richard Nixon (1974). Por outro, boicota certos avanços democráticos ao omitir fatos, distorcer outros etc. Enquanto as gestões tecnocráticas se servem bem dele para sua propaganda, as gestões democráticas às vezes podem ter suas realizações por ele boicotadas.

Os trabalhadores devem estar atentos ao papel que podem desempenhar em todos esses poderes, para melhor construir a cidadania e estendê-la a todos os níveis possíveis. Assim, ela pode ser de uso muito importante para os trabalhadores. Contudo, sua face de categoria burguesa deve ser controlada e criticada, para que exista a cidadania efetiva. Vamos encontrar no marxismo a melhor crítica a esse ponto.

MARX E CIDADANIA: NEM OITO, NEM OITENTA

No marxismo não encontramos a palavra cidadania. Contudo, mesmo sem se referir a ela, o marxismo contribui bastante para a construção do conceito de cidadania, ao criticar o uso dos direitos pela burguesia para dominar os outros grupos sociais.

Pode-se imaginar o marxismo como um corpo teórico que deseja revolucionar, transformar a sociedade burguesa vigente de então, que explora e domina, para retomar os caminhos universais de seus primórdios — a visão do trabalho como algo que liberta. O marxismo propõe-se também a lutar contra a transformação do próprio trabalho em arma de opressão e exploração.

Como que assumindo a posição de quem foi vencido nesse processo, Karl Marx (1818-1883) avança na questão da cidadania ao indicar as contradições que devem ser superadas. Melhor que ninguém, esclarece como os trabalhadores são obrigados a se submeter às condições de exploração do capital. Aparentemente, o trabalhador vende sua força de trabalho em troca de bens que suprem sua vida. Mas não escolhe quanto e em que condições irá trabalhar. E tudo o que faz, na maioria dos casos, não lhe dá o retorno esperado: a alimentação, educação e saúde necessárias à sua família, a habitação digna etc.

Marx denuncia, de forma mais profunda que qualquer outro teórico, a exploração do capitalismo — seja a da acumulação primitiva, seja a exploração das condições e da extensão da jornada de trabalho a que são submetidos os operários. Para existir, o capitalismo precisou (e precisa) de uma grande acumulação de capital, obtida com os saques das riquezas dos povos das Américas, das Índias, e com intensa expropriação dos trabalhadores por meio de um trabalho de baixíssima remuneração. E, além disso, forçando com medidas estatais a falência de pequenos proprietários rurais, obrigados, então, a se mudar para a cidade e se vender como força de trabalho, único bem que passavam a possuir. Todas as bandeiras da Revolução Francesa — e de todas as revoluções burguesas: liberdade, igualdade, fraternidade — podem parecer quimera, diante da quantidade de sangue, músculos e cérebros necessários para a construção da sociedade burguesa, do capitalismo.

É o marxismo que propõe a revolução socialista na sua forma mais bem acabada: a administração da sociedade pela classe trabalhadora, que toma o poder e planeja o acesso de todos ao trabalho e aos bens necessários à vida.

Num segundo momento, não haveria, portanto, classe nenhuma, porque todos participariam da gestão da sociedade, partilhando equiparadamente os bens econômicos e o prestígio político — fruto de uma construção demorada de todos para todos. Essa é uma imagem do socialismo ideal. Não devemos confundi-lo com o socialismo desenvolvido no Leste Europeu, destruído pelas próprias mazelas.

Na etapa contemporânea, é preciso ler com cuidado o ponto em que Marx toca na reprodução da exploração no Estado; bastaria tomar o Estado para começar a reformulação de todo um modo de vida. A exploração se reproduz em parte, porque o Estado aparece como aquele que defende o interesse de todos, mas primordialmente os interesses de quem tem o poder. Essa reprodução tinha mais validade na época histórica em que Marx viveu, no século XIX. Pensar o Estado hoje é pensá-lo no seu sentido amplo, que vai muito além do Estado no sentido estrito, ocupando outros espaços em relações sociais, como no sindicato, bairro, escola etc.

Hoje, a luta entre trabalhadores e capitalistas se dá, de certa forma, pelos espaços do e no próprio Estado. Daí a conveniência de adotar a cidadania como categoria estratégica dessa luta. A valorização da luta pelos direitos. E mesmo a experiência do Leste Europeu ilustra como as pessoas sobreviveram apegando-se a essa conquista, que deve ser irreversível: a questão dos direitos do cidadão contra a opressão stalinista e, até há não muito tempo, contra os campos de concentração, os hospitais de dissidentes etc.

Apreenda-se a ambivalência do capitalismo: de um lado, exploração e desigualdade; de outro, caminhando concomitantemente, o aceno à igualdade e à construção da cidadania mais plena. Uma vez legislados os direitos (civis, políticos e sociais), eles tornam-se reivindicáveis pelos cidadãos, que podem lutar para realizá-los efetivamente. A força de trabalho, essa mercadoria especial, pode pressionar de diversas formas e fazer valer esses direitos.

Retiramos do próprio marxismo esse jogo de possibilidades: os homens fazem a história, mas sob determinadas condições. Para manter-se o mais fiel às proposições de Marx, é preciso não pender para nenhum dos lados.

Assim, embora os homens estejam limitados em sua evolução pelas condições existentes, são esses mesmos homens que vão criar outras condições — e, diante dessas novas condições, deverão também ser novos homens. Do contrário, a História vai emperrar. Veja-se, por exemplo, a posição da classe burguesa depois do período revolucionário, tornando estanque o avanço das estruturas, em luta permanente contra a nova força que avança, os trabalhadores.

Vejam-se, também, as revoluções socialistas que mudaram grande parte das estruturas, mas que depois não se permitiram avançar plenamente em nível cultural; restaram mentalidades velhas para uma nova estrutura, que depois se tornou obsoleta. Hoje, esses países se renovam, abrindo-se para o exterior em busca de novos caminhos. A mudança entre estrutura e sujeitos é complexa; tanto uma quanto os outros mudam reciprocamente, e é preciso, de forma contínua, aprender-se o novo, a nova estrutura, o novo sujeito.

Tomando como panorama de fundo os aspectos da cultura burguesa (e, em seu extremo, o marxismo), gostaria de pensar uma concepção de cidadania plena — em nível econômico, político, social, cultural — que se coaduna com a construção de uma sociedade mais democrática. Não pode haver cidadania se não houver um salário condigno para a grande maioria da população. O trabalhador, enquanto mercadoria, deve lutar para obter certa equivalência na troca estabelecida com o capitalista e o Estado.

É preciso que ele tenha acesso aos bens que complementam sua vida (habitação, saúde, educação) e que compõem os chamados direitos sociais. Mas, antes, é necessário que os trabalhadores tenham direitos políticos, e que existam mínimas condições democraticas para reivindicar o seu direito de ser cidadão e de, enquanto tal, poder batalhar, por quaisquer de seus direitos. Por outro lado, é preciso que esses trabalhadores possam ser educados sobre a existência desses direito, vendo, dessa forma, a amplidão do que há para construir em termos de uma sociedade sempre melhor.

Essa concepção de cidadania plena está sempre ameaçada pelo conceito de cidadania esvaziada, calcada no consumo e em certo imobilismo, acenada pelo capitalismo dos oligopólios e seduzindo a tantos. A seguir, veremos o embate entre a concepção de cidadania e o exercício possível da cidadania na era dos oligopólios.

CAPITALISMO DOS OLIGOPÓLIOS, GLOBALIZAÇÃO E USO DA CIDADANIA

Etapas do capitalismo e cidadania

Convencionou-se chamar de monopolista a etapa contemporânea do capitalismo, embora o termo mais correto seja oligopolista — ou seja, a era das grandes empresas, de centralização do capital e de poder. Isso implica uma forma bastante nova de viver, tendo em mente a evolução do capitalismo em suas etapas anteriores, a mercantilista e a liberal.

Em cada uma dessas etapas, a ideologia capitalista parece haver acenado com aspectos da cidadania sempre atravessados pela sua dubiedade característica; apontando para a melhoria nas condições de vida dos trabalhadores, mas guardando o caráter de como explorar esses trabalhadores.

Essa dubiedade pode ser notada no embate de visão entre grupos fundamentais, os capitalistas (antes, diriam-se burgueses) e os trabalhadores (antes, proletários), no interior da chamada cultura burguesa, prevalecendo obviamente a visão dos capitalistas, pois os trabalhadores estão subalternizados. Devemos estar atentos à orientação que esse embate dá a práticas sociais, econômicas e políticas. O desenlace que leva a uma situação melhor para os trabalhadores e, portanto, para uma nova sociedade (pois sempre que os trabalhadores dão um passo à frente toda a sociedade também o faz, se reedificando), depende dessa luta no interior do capitalismo, da cultura burguesa e do Estado, que é também responsabilidade deles.

Essa relação fundamental entre uns e outros não pode ser pensada de um só lado: cada vez que um dos polos age de determinada forma, o outro também se modifica. Os trabalhadores, por exemplo, sofreram intensa exploração no século XIX. Para sobreviver, reagindo a essa exploração, conseguiram com muita dificuldade se organizar em corporações — sindicatos que pressionaram os capitalistas para diminuir a jornada de trabalho, aumentar os salários e, assim, melhorar as condições de vida. O capital reagiu à ofensiva operária criando mais e mais tecnologia para diminuir sua dependência dos trabalhadores. Então, os trabalhadores procuram se atualizar em sua relação com a tecnologia. Os capitalistas acenam com o processo participativo de lucros de empresa, para neutralizar a ofensiva trabalhista. Os trabalhadores precisam estar atentos para não serem ludibriados. E assim continua a luta.

Tudo isso valoriza, mais uma vez, a categoria cidadania como estratégia de luta para uma nova sociedade. Os trabalhadores devem estar sempre em pugna por seus interesses e direitos — e a primeira exigência para isso é a manutenção de condições democráticas mínimas, acompanhadas de uma boa Constituição e de governantes que a respeitem. Luta que inclui pressões, greves e desobediência civil, se necessário, mas com o fim de manter o processo civilizatório contra um processo anárquico e bárbaro, que pode pôr abaixo conquistas anteriores.

Esse processo de resolução de conflitos se tornou impossível, contudo, em determinadas regiões do mundo, como por exemplo no Vietnã e na Nicarágua (e em tantas outras tantas regiões), quando grupos internacionais dominantes destroem as lavouras, parte da edificação social desses povos e morte de muitas pessoas dessas populações. Em tais casos não há como revidar a não ser com a luta armada, se possível sob normas jurídicas internacionais. Mas a luta armada deve ter como objetivos a negociação e o restabelecimento de condições democráticas mínimas para que os grupos possam viver sob controle de leis, civilidade e exercício de cidadania.

Foi no século XX, em torno das Guerras Mundiais, que o embate entre capital e trabalho assumiu formas distintas das anteriores e se projetou com a proposta "socializante" do Welfare State ou Estado do bem-estar. Veremos como isso se reflete na própria exploração e/ou libertação do trabalhador, não mais só em termos de fábrica, mas na sua relação com o Estado.

A etapa mercantilista ou manufatureira é considerada por alguns teóricos uma fase de transição do feudalismo para o capitalismo. O Estado era monárquico mas, de certa forma, regia em lugar da burguesia. Naquele período, já se acenava com a ideia de cidadania mais genérica, no sentido de valorização do trabalho — a ideologia de que o indivíduo possui a propriedade do próprio corpo.

Quero destacar, no entanto, a importância dos direitos civis (liberdade de locomoção, de trabalho). Embora hoje nos pareçam banais, eles foram fundamentais e mesmo revolucionários porque se opunham à sociedade rural e organizada em feudos, na qual os servos eram parte da própria gleba, como, o gado, e não donos de si, de seu corpo e locomoção. À medida que os burgueses passaram a desenvolver o comércio e a morar nos burgos (depois cidades), à medida que surgiram um modo de vida urbano e um processo fabril, foi preciso que as pessoas saíssem do campo e viessem para a cidade, despojadas de qualquer bem para servir à nova forma de produzir e viver.

É importante ressaltar, assim, o aceno dúbio desses aspectos da cidadania: ao mesmo tempo em que se criavam condições de os homens se libertarem da condição de servo, vivia-se um processo de profunda necessidade de mão de obra para o sistema comercial e fabril.

A etapa liberal se demarca, a partir, principalmente, da Revolução Francesa. Ao tomar o poder político, a burguesia erigiu um Estado *sui generis*, o Estado liberal burguês, que descentralizou o Estado monárquico em três poderes: executivo, legislativo e judiciário. E cuja maior autoridade estava no Poder Legislativo, na ação do parlamento, das Assembleias Constituintes.

Nesse processo, chegamos à Declaração dos Direitos do Homem; instaurou-se um Estado de direito em que os governantes não podem usar do poder arbitrariamente, como o faziam no regime monárquico, mas terão de governar limitados pelo conjunto de leis que estabelece os direitos e deveres dos cidadãos. Com o avanço da sociedade burguesa, a separação entre o público e o privado começou pouco a pouco a se delimitar, chegando ao seu auge na etapa do capitalismo liberal.

Nesse contexto do liberalismo, a face mais acenada da cidadania é a dos direitos políticos. Vale também notar sua dubiedade. Lembre-se que todos os segmentos componentes do Terceiro Estado, em que se incluía a burguesia, fizeram as revoluções burguesas. Em sua própria ambiguidade de se voltar para o universal e para o particular, sendo revolucionária e depois classe dominante, a burguesia carreou todos para a "sua" revolução. Durante todo esse período, desenvolveram-se intensamente os direitos políticos; era evidente que, com a tomada do poder, eles se tornariam explícitos, tais como aparecem na Declaração dos Direitos.

Em termos efetivos, quando os trabalhadores — já no fim do século XIX — começaram a se organizar mais, os capitalistas responderam com mais maquinaria para substituí-los. E o conflito continuou. A luta de classes, o antagonismo e a divisão entre capitalistas e trabalhadores foram levados adiante. E os trabalhadores foram se organizando em sindicatos, associações, partidos políticos.

Retorno agora ao período em torno das Guerras Mundiais quando o acirramento entre capitalistas e trabalhadores estava no auge, tanto no interior dos países quanto entre países. Desenrolou-se a Revolução Russa de 1917, houve uma ascensão dos partidos socialistas na Alemanha, na Itália, na Espanha, na França. Os trabalhadores reivindicavam melhores condições de trabalho, saúde, habitação e educação, remanescentes da luta do século anterior. Agora, organizavam-se como força política e apoiavam-se em partidos para fazer a revolução e implantar uma nova sociedade — o que fazia parte das formas de exercer e ampliar a cidadania.

Ao mesmo tempo, o afã de lucro e a acumulação da era dos oligopólios eram complementados com a ação imperialista sobre outras nações e regiões. Viveram as guerras. O nazi-fascismo que devastou a Europa na Segunda Guerra Mundial (1939-1945) foi, a nosso ver, o momento em que a burguesia, digamos, "cedeu" a coroa para ficar com a bolsa; essa burocracia nazi-fascista apareceu como força social capaz de opor-se ao intenso avanço dos partidos socialistas e do poder dos trabalhadores.

Foi em torno dessa época que se desenvolveu a ideologia pós-liberal do Estado de bem-estar, com sua proposta "socializante" e um aceno a uma cidadania, a de atendimento a todos os direitos sociais — salário, saúde, transporte, educação, habitação, seguro-desemprego, lazer etc.

Com a etapa liberal, temos construída a forma capitalista de produzir e viver. E, por consequência, o mecanismo de acumulação não cessa. O aumento da organização operária, com os trabalhadores tentando refrear o alto nível de exploração (lutando pelas próprias vidas), leva à reação do capital, primeiro como maquinaria e, já na etapa monopolista, com a tecnologia, instrumento para favorecer o capital em dois níveis: no horizontal, na relação entre frações do capital; e no vertical, na forma de o capital lidar com os trabalhadores. Da perspectiva dominante, porém, essa tecnologia se pretende neutra, servindo a todos os cidadãos. Cabe aos cidadãos organizarem-se e lutarem para tornar a realidade mais próxima disso.

Desse modo, na etapa monopolista/oligopólica, o Estado surge como uma espécie de empresa maior para reger as lutas de classes, horizontal e vertical. Ele atua entre as empresas, favorecendo o processo de concentração, mas sem anarquizar a organização capitalista a ponto de destruir-se pela falta de regras. O local do poder — que no Estado liberal burguês estava no Legislativo — agora se desloca naturalmente para o Executivo, centralizando as decisões por meio de um corpo burocrático, que se torna mais complexo com a chamada tecnocracia. Isso significa que a tecnologia também está presente no Estado, sob a forma de tecnologia organizatória, de modo mais acabado e eficaz no planejamento. Este último causava medo, pois era arma para a construção do socialismo; uma vez transfigurado em seus objetivos, o Estado passa a servir à organização do capital, mas também pode servir a interesses dos trabalhadores e da população em geral.

Assim, os capitalistas/tecnocratas pretendiam implantar o Estado do bem-estar, proposta "socializante" porque estaria no meio-termo entre o capitalismo liberal e o socialismo cerceador vigente, ao guardar desses modelos apenas traços positivos, desfazendo-se dos traços deletérios. Nessa visão, conservaria, assim, a igualdade, a preocupação com a distribuição e justiça social do socialismo, despojando-se do cerceamento à liberdade do socialismo existente, bem como manteria a liberdade do capitalismo, sem reter o seu caráter de exploração intensa da etapa liberal. Nesta etapa do capital, de aceno aos direitos sociais, a concepção de cidadania está intrinsecamente vinculada à tecnologia organizatória (planejamentos e políticas sociais do Estado).

Mas por que essa proposta "socializante"? Tratava-se de uma forma de enfrentar o avanço da organização operária — que poderia implantar uma sociedade mais igualitária — e do socialismo do Leste, então identificado como primeira ameaça. Tratava-se de desmobilizar esses trabalhadores e de conformá-los ao capitalismo.

Elabora-se um nível de cidadania que avança, mas também desmobiliza. Cria-se um novo modo de lidar com as coisas e com os homens, mantendo o mesmo objetivo da acumulação, situado no uso da tecnologia, no saber técnico. São as ideias de igualdade e liberdade geradas com a pretensa neutralidade da técnica que vão vigorar. Na empresa, como que desaparecem as diferenças entre proprietários e assalariados pela divisão e controle da propriedade.

Contudo, deve-se ter em conta que, em muitos países europeus, essa proposta "socializante" teve certo sucesso: nos países nórdicos, na Inglaterra, e posteriormente (décadas de 1960, 1970, 1980), determinada investida dos trabalhadores na Itália, na França, e em outros países — referente ao bom atendimento de direitos — sociais, civis e políticos. Entretanto, essas conquistas foram bastante minadas no período posterior ao mandato de Margareth Thatcher como primeira-ministra do Reino Unido (a partir de meados da década de 1970), com o predomínio do caráter financeiro nos governos, que se espalhou pelo mundo, dado o caráter globalizante que a economia mundial havia tomado.

No interior da visão de mundo capitalista, deslocou-se o pomo da discórdia da propriedade para o saber; nem sequer em nível ideológico se conseguia sustentar que todos poderiam ser proprietários. E mais: a propriedade adquiriu um novo caráter, vinculada à propriedade de know how, do saber técnico. Nesse contexto, os homens são iguais, porque todos são capazes de dominar o conhecimento técnico (pela educação) e podem (têm a liberdade de) ascender na burocracia da empresa pelo mérito que possuem. Formar-se-ia assim a burocracia, os gerentes que administrariam as empresas dando um rumo "socializante" à forma de produzir.

Em nossa era, a forma de produção dos oligopólios exige a concentração de capital. Essa forma existe, por sua vez, como resultado da busca de maiores lucros, do mecanismo de acumulação. Por outro lado, ao revestir-se pelo uso de tecnologia, ela pode obter lucro de maneira mais eficaz e, ao mesmo tempo, criar esse caráter "socializante" — as empresas tendem a ser organizadas por ações, e não mais por proprietários.

O processo joga com a ideia de que o trabalhador também pode ser "proprietário", pois pode ser acionista, aquele que "manda" na empresa, depois de subir na hierarquia gerencial e incorporar o saber tecnologizado.

imprescindível para a existência da empresa. A luta pela cidadania efetiva deve se dar também aí. Se os empresários abrem espaço para participações, cabe aos trabalhadores se apropriarem efetivamente desse espaço. E, na defesa de seus direitos de trabalhadores-cidadãos, podem ter participação efetiva também na empresa, à medida que conseguem reformular condições específicas da relação de trabalho.

Situa-se em um segundo plano, mais amplo, a proposta de transformar o trabalhador em consumidor no sentido pleno: consumidor de suas necessidades básicas, de novas mercadorias e de ideias-mercadorias. De forma avassaladora, os meios de comunicação insistem neste aspecto, procurando tirar do trabalhador o caráter político desenvolvido durante décadas na luta pela sobrevivência, despojá-lo da qualidade humana herdada da pólis grega. Metamorfosear o homem mais para animal social, minando o ente político cultural cuja qualidade seria pensar e repensar, discutir em público, criticar como cidadão as leis injustas. Cabe aos trabalhadores reverter a situação.

Historicamente, vimos que as origens desse quadro remontam ao período entre as Grandes Guerras, presentes tanto no planejamento do nacionalismo fascista como no New Deal implementado pelo presidente Franklin Roosevelt nos EUA. Esse programa dava condições de trabalho e de vida à classe operária, incorporando-a de fato aos bens do capitalismo. Mesmo em países, na primeira metade do século XX, não democráticos, como a Alemanha de Hitler e a Itália de Mussolini, criou-se uma forma de atendimento corporativista que cooptou grande parte da massa trabalhadora por atender determinadas necessidades básicas. Não foi por acaso que esses regimes se sustentaram por muito tempo, apesar de tudo o que de anti-humano e destrutivo fizeram.

De qualquer forma, ainda que nos países democráticos os planos fossem diferentes, a experiência nazi-fascista marcou a atuação posterior das elites tecnocráticas e continuou como um pequeno facho que acena para boa parte das massas. Amparada na pretensa neutralidade da técnica, essa concepção de cidadania também poderia estar atravessada pelo espírito fascistoide.

Em países como os EUA e a Inglaterra, onde a implementação dessa cidadania foi mais democrática, a proposta original esvaziou-se e, hoje, está em franca decadência.

Os EUA desmontaram cinquenta anos de políticas sociais. A Inglaterra atual pouco tem a ver com a do Welfare State. Mas, entre os exemplos que persistem com sucesso, está o italiano.

Essa forma de cidadania serve aos propósitos do capitalismo à medida que desmobiliza os trabalhadores e mantém o *status quo*. Ao mesmo tempo, contudo, ela abre espaço a novas condições que podem possibilitar uma nova sociedade, mais igualitária e justa. Como? Pelo próprio caráter do Estado contemporâneo.

O Estado intervém na economia e é socioeconômico de muitos empreendimentos. Com a "revolução consentida" (o planejamento), a reivindicação dos direitos tende a deslocar-se da área da produção para a da gestão pública, tornando-se coisa do Estado. Nesse processo, o Estado se apropria de grande parte da mais-valia produzida na sociedade, por meio do recolhimento de impostos e de outros mecanismos. Com esse fundo público criado, financia suas políticas, ou seja, reemprega esse "capital". E pode fazê-lo duplamente, de acordo com a pressão social: enquanto financia a produção e atende aos capitalistas, pode promover a distribuição e, com isso, atender aos direitos, elevando o salário dos trabalhadores, provendo mais educação pública etc.

A efetivação da cidadania depende, portanto, da ação dos subalternizados. Em vez de refrear a esfera pública, o Estado a amplia, embora não o faça espontaneamente, e sim em função da tomada desse espaço.

Podemos demarcar um pouco mais a dubiedade da cidadania na etapa atual: de um lado, ela atende às condições de promover o lucro; de outro, possibilita que a luta dos trabalhadores extrapole a fábrica e ganhe mais espaço.

Sobre a relação entre cidadania e técnica, devemos atentar para outra dubiedade: a tecnologia domina, mas, ao mesmo tempo, pode libertar. Hoje, os trabalhadores têm mais conhecimentos; a evolução da tecnologia intensiva e a forma de produção complexa exigem do trabalhador mais e mais especialização. Se disso tiver consciência, ele pode negociar.

No âmbito mais amplo do Estado, é necessário um embate contínuo. Se o Estado acena com determinados direitos e não os cumpre, os cidadãos podem reverter isso e ganhar novos espaços. Na etapa monopolista/oligopolista, a cidadania tem sua força no grande espaço criado para reivindicações; cabe aos trabalhadores, e a população em geral, se apropriar dele.

WELFARE STATE E CIDADANIA EM PAÍSES COMO O BRASIL

Em países como o Brasil, tudo é muito diferente, mas, em termos da exploração e dubiedade do capitalismo, há muitas semelhanças. Não experimentamos o processo evolutivo de passagem do feudalismo para o capitalismo, que foi construindo pouco a pouco a democracia liberal e a categoria cidadania que procuro distinguir.

O Brasil já nasceu no período de transição para o capitalismo, ainda que ordenado por relações feudais. Nasceu fruto da expansão do capitalismo originário, sob o estigma da exploração e da subalternização, com sérias consequências para sua população. A vigência da democracia liberal e da cidadania parece mais difícil em países como o nosso.

Sem discutir, agora, a responsabilidade pela organização das forças sociais internas, a história do Brasil e de seus congêneres é a de povo explorado, porque tivemos e temos, de certo modo, uma posição subalterna no processo capitalista; o que muda em nosso processo histórico é quem nos explora e como — Portugal ou Inglaterra, EUA ou os grandes oligopólios, como hoje.

Poderíamos dizer, por exemplo, que em nome dos direitos humanos (e, portanto, da cidadania) a Inglaterra "ajudou" países como o Brasil a se livrar da condição de colônia e a lutar contra a escravidão. A Inglaterra interveio, dessa forma, em toda a América Latina. Vale novamente salientar a dubiedade dessa ação: serve à evolução da humanidade, mas também a uma forma mais organizada de exploração dos seres humanos.

O Brasil livre de Portugal parece conhecer melhores condições de desenvolvimento, sem a exploração direta e as intervenções do Estado português. Também a libertação — mesmo formal — dos escravos pôde ter um significado imenso para os direitos do homem. Mas a intervenção da Inglaterra teve outros significados, em especial o de organizar a nova forma de dominação no mundo, a capitalista, que naquele momento dirigia. Tratava-se de liberar os mercados dos países da América Latina, que passaram a comprar diretamente da Inglaterra produtos manufaturados, sem a mediação da Metrópole. Quanto à libertação dos escravos, cuidava-se de se estender o trabalho assalariado, sem o qual não há capitalismo.

A situação de países como o Brasil sempre foi caudatária do processo desenvolvido no núcleo do capitalismo originário. Depois de ser colônia de Portugal, o Brasil foi "colônia" da Inglaterra. Éramos uma economia agrária exportadora de matérias-primas imprescindíveis para o processo industrial inglês.

Quem produzia toda a economia a ser exportada? Os trabalhadores brasileiros, os rurícolas. Quem importava os produtos manufaturados? Somente a elite econômica e política. Esta, aliás, importava tudo, porque não produzíamos aqui nenhum bem manufaturado, não tínhamos indústrias e nem isso nos seria permitido. Assim, a elite importava móveis, mármores, material de construção, roupas, calçados, louças, baixelas, prataria etc. Entre a classe abastada, vivia-se aqui como na Europa, inclusive em relação a bens culturais — montagens de óperas, peças teatrais etc. A elite vivia sua cidadania com regalo.

Mas e o povo, a maioria da população brasileira? Vivia pobremente, da economia de subsistência. Os rurícolas retiravam do campo praticamente tudo para suprir sua vida. Tinham pouquíssimos direitos e, apesar da libertação dos escravos, negros e brancos pobres viviam em condição semiescravista.

Contudo, alguns traços da luta por igualdade e liberdade instalaram-se aqui, principalmente pelos imigrantes italianos. E que significado político isso alcançou! A partir da experiência de luta contra o capital trazida por esses trabalhadores italianos, o movimento anarquista caracterizou a luta operária no Brasil, principalmente nas décadas de 1910 e 1920. Sim, luta operária, pois começamos a ter uma indústria incipiente no período anterior as Guerras Mundiais. Embora os italianos viessem originalmente como mão de obra para a economia agrário-exportadora, em substituição à mão de obra escrava, foi no âmbito das cidades (nas quais trabalhavam como artesões de tapetes, móveis, sapatos, vestimentas, entre outros) que se fizeram sentir as primeiras grandes lutas, já em termos de capitalismo, pela realização de direitos e pela construção da cidadania.

Ao mesmo tempo, populações como a do Brasil percebiam que não eram atendidas em suas reivindicações não só porque as classes dominantes recusavam-se a isso, mas porque seus países eram explorados. Essa consciência da exploração, aliada ao desejo de construir uma nação, iniciou-se com a própria tomada de consciência do subdesenvolvimento. A ideologia nacionalista, com todos os seus equívocos, significou um avanço em termos de repensar a cidadania, ainda que fosse a do brasileiro como cidadão no âmbito das relações entre os países.

A pressão popular foi de tal dimensão que a elite, também envolvida em seu processo de mudança, percebeu, adiantou-se e fez a Revolução de 1930, nos moldes do que assinalava o político mineiro Antonio Carlos: "Façamos a revolução antes que o povo o faça". Essa posição voluntarista — relacionada à tomada de consciência da nação explorada, cujo desenvolvimento deve ser programado para existir — contrasta com a ideologia do período anterior, a do agrário-exportador, de que o desenvolvimento viria naturalmente; o país era jovem e cheio de riqueza, bastava esperar o seu amadurecimento.

Vale recordar que a era do capital dos oligopólios instaurou-se mais nitidamente no mundo no período entre as Guerras Mundiais, cujo marco pode ser a queda da Bolsa de Nova York, em 1929. Essa "era dos oligopólios", da etapa monopolista do capital, caracterizou-se por um processo de concentração do capital e de internacionalização da produção, realizada pela transferência de tecnologia. O Brasil não esteve isento desse processo.

Por outro lado, contraditoriamente, delineia-se uma proposta nacional de desenvolvimento, de criação da indústria nacional, com a sua burguesia nacional etc. Esse projeto havia sido o da Inglaterra no século XIX, o da França do fim do século XVIII, o da Alemanha e Itália no fim do século XIX. Mas esse projeto nacionalista veio atrasado e já não encontrou mais espaço. É uma proposta de nação, quando o modo de produção capitalista se voltava para a internacionalização. É uma proposta de desenvolvimento do capitalismo liberal (de nação), mas desenvolvida numa etapa monopolista, de regência dos oligopólios, em que as regras já eram outras.

De 1945 a 1964, desenvolveu-se no Brasil a chamada democracia populista. Sendo democracia, ainda que autoritária e atravessada pelas duas vertentes (liberalismo e monopolismo/oligopolismo), como ficou a questão da cidadania nesse período? A grande atuação política dos trabalhadores nas décadas de 1910 e 1920 levou a um contexto em que as elites pensavam como atender ou acenar com o atendimento de certas reivindicações. Tratada até então como caso de polícia, a classe operária tornou-se um caso de política — uma significativa ampliação da cidadania.

Ao mesmo tempo, com a política do Estado de favorecer a indústria em detrimento do campo, criou-se o êxodo rural, que encheu as cidades com uma população a ser instrumentalizada como mão de obra na indústria. "Inchou-se", assim, a classe operária anterior, que se transformou, de corpo político atuante, num corpo disforme, diluído, de gente pobre, passível de manipulação — mas que, mesmo frágil, pode reclamar sua cidadania.

O Estado varguista atendeu, em parte, às reivindicações populares, procurando desmobilizar a organização operária. Lembre-se aqui o efeito das leis trabalhistas "doadas", da "liberação" do sindicato. Ou seja: o sindicato tem permissão de existir, mas é atrelado ao Estado pelos chamados "pelegos", que fazem para os trabalhadores a política trabalhista entre o sindicato e o Estado.

Mas a ambiguidade dessa proposta democrática levou à existência de certos direitos políticos: voto sistemático para todos os cargos (prefeito, governador, vereador, deputado, senador e presidente), processo de greve mais ou menos assegurado. Pressões políticas das organizações populares e, basicamente, o mínimo de respeito dos governantes pela Constituição de 1946, fizeram também com que fossem um tanto atendidos os direitos sociais — educação, habitação, saúde, segurança no trabalho, aposentadoria etc.

No Brasil, como em outros países similares, juntou-se a mobilização da democracia liberal — de exercício dos direitos políticos, como na Europa até 1930 — com a desmobilização da democracia planejada: o Estado atendendo os direitos sociais "naturalmente".

Vejamos o exemplo da educação. Na década de 1950, as escolas públicas (e, portanto, gratuitas), tão diferentes

de hoje, eram as melhores do país. Ao frequentá-las, os filhos dos trabalhadores podiam concorrer com os filhos dos ricos nos exames rígidos para o ingresso na universidade, que oferecia pouquíssimas vagas. Uma vez formados, esses filhos de trabalhadores tinham assegurada uma boa colocação no mercado de trabalho. Percebam a diferença em relação à escola pública de primeiro e segundo graus a partir de 1968.

É importante notar a ligação íntima entre exercício dos direitos políticos e certo atendimento efetivo dos direitos sociais antes de 1964. Após o golpe militar e durante os mais de 20 anos de regime ditatorial que a ele se seguiram, vivemos um período da história do Brasil em que isso se tornou inconcebível, impensável.

De fato, a partir de 1964, o investimento na área social sofreu uma forte retração e, com isso, a cidadania perdeu terreno. "Resolveu-se" a contradição que vinha desde 1945: tomado o Estado na forma tecnocrático-militar, assegurou-se, no Brasil, o capitalismo oligopolista, com todos os seus traços e consequências, no sentido da exploração, e sem quase nada do sentido emancipador do Welfare State. Houve um curto período de favorecimento da classe média brasileira, à qual cabia então "legitimar" os governos ditatoriais, para o que colaborou também o caráter mais ameno, em termos de violência, de nossa ditadura em relação às de outros países da América Latina.

Os dados acima se compõem com o fato de que ao Brasil era conferida certa hegemonia na América Latina, mas, dentro do espaço geográfico social já então subalternizado, o capital oligopolista que aqui se sedimentou tinha um caráter diferente daquele dos países de onde se originava. A sua própria forma de organização lhe fornecia os limites para proporcionar mais bem estar ou mais exploração. A organização das grandes empresas (as multinacionais) em matrizes e subsidiárias expressas, pelo assentamento de subsidiárias em países como o Brasil, a nossa situação de heteronomia e sujeição.

Lembre-se que a forma de produção monopolista possui na técnica o seu instrumento para melhor efetivar a acumulação. Pois bem: a própria organização multinacional — em que as subsidiárias recebem das matrizes os pacotes tecnológicos — já indica como se dá o processo. Tais pacotes tecnológicos, aliás, passam também para as grandes empresas nacionais, caso elas queiram manter-se no mercado, dando conta do processo contínuo de inovação — e, portanto, da incorporação contínua de inovação e de crescente tecnologia. Isso significa que a produção desses países está atrelada intimamente à forma de produção internacional, aos ditames dos centros das tecnologias e à transferência delas.

Contudo, o acesso a essa tecnologia transferida se faz em condições desfavoráveis de negociação e tem um alto ônus; desde que não dispomos do segredo da tecnologia, mas apenas do seu processo, ficamos na dependência externa. Imagine-se quanto pagamos por isso, em termos de patentes, royalfies, reposição de peças etc. O resultado é a dívida externa de países como o nosso: por mais que trabalhemos, continuamos sempre devedores, pois nossos excedentes escoam para o exterior como pagamento dos juros da dívida. Pior: pouco sobra para se aplicar internamente. Eis por que não se reproduz aqui, junto com o assentamento do monopolismo, o Estado do bem-estar e sua proposta de cidadania, com a reivindicação de direitos sociais para todos os trabalhadores.

Não se trata, porém, de criar uma expectativa de nacionalismo ingênuo. Se estamos inseridos em uma nova era do capitalismo, aproveitemos o que há de melhor nela — precisamente o aceno à cidadania com atendimento aos direitos sociais. Para tanto, deve-se negociar a tecnologia que entra, o que é produzido, quanto se paga por isso, quanto se deve aos brasileiros pelo seu trabalho. Em vez de negar a tecnologia, trabalhar para que o vínculo entre ela e a cidadania estabeleça-se realmente de forma favorável aos trabalhadores; ou seja, para que a tecnologia venha a atender aos homens — no caso, à maioria dos brasileiros.

Essa luta, parte importante da construção da cidadania, deve ser travada no interior do Estado, aqui compreendido em seu sentido amplo. A questão tecnológica é política e exige em torno dela o debate público.

Vale recordar que a primeira condição para essa luta — e para qualquer outra luta dos trabalhadores — é a manutenção daquelas condições mínimas da democracia formal, do respeito à Constituição. É preciso ter sempre em mente que, no Brasil, os governos ditatoriais no poder de 1964 (mais exatamente 1968, ano do Ato Institucional nº 5) até a década de 1980 acabaram com quaisquer direitos. Vivemos nesse período uma anticidadania.

E foi em nome da Declaração dos Direitos do Homem que se trabalhou contra a tortura, o arbítrio das prisões, o desaparecimento e o exílio das pessoas. Que não se esqueça jamais o sofrimento infligido a tantas famílias brasileiras.

Assim, essa primeira condição implica que se rejeite o autoritarismo como forma rápida de solucionar as coisas. Embora custoso e mais lento, o jogo democrático é mais seguro em seu caminho de preservar e melhorar as condições da vida humana, com a participação de todos.

De forma competente, o Estado tecnocrático-militar resolveu o problema dos direitos sociais, do salário social. Viabilizou o atendimento a esses direitos através de projetos empresariais, que, primeiramente, atendiam a grupos, em especial da classe média. Além disso, o financiamento desses benefícios foi feito pelos próprios beneficiados. Assim ocorreu com o Plano Nacional de Habitação do Banco Nacional de Habitação (BNH), financiado pelo Fundo de Garantia por Tempo de Serviço (FGTS) e pelas cadernetas de poupança.

Assim ocorreu, também, com a democratização do ensino superior pela proliferação do "negócio" das faculdades particulares, bem como com a entrada da iniciativa privada no setor de saúde. Correios, telefones, rodovias e meios de comunicação foram organizados para atender à necessidade de organização do capital monopolista. Contudo, isso deu a aparência de que os direitos dos cidadãos eram atendidos, o que pôde criar uma forma de legitimar essas ditaduras.

Nesse quadro de equívocos, inclui-se também o déficit das empresas estatais. É evidente que elas foram criadas para atender em primeiro lugar aos próprios oligopólios. São estatais, mas não têm o espírito de empresas públicas, pois o setor público deveria servir a todos os cidadãos.

Na luta contra os regimes ditatoriais, passamos por vários momentos que culminaram com a campanha popular pelas Diretas Já (1985), mobilizando todo o país. Chegamos a Tancredo, ao fim oficial da ditadura, ao aborto da Nova República, à Assembleia Constituinte, à Constituição de 1988 (com muitos tópicos progressistas), à eleição direta para a presidência.

Foi com os governos de Fernando Henrique Cardoso e de Luis Inácio Lula da Silva que nos aproximamos politicamente de certa democracia. Contudo, socialmente, pouco avançamos. As condições mundiais de produção oligopólica já tinham alçado novas rédeas com o domínio do capital financeiro, e as mudanças sociais esperadas, o alcance de maior âmbito de cidadania, ficaram por esperar. De qualquer modo, a existência de cidadania para a maior parte da população brasileira depende ainda de muita luta social. Sem batalhar continuadamente pelas demandas os processos para melhor e maior cidadania não avançam.

Contudo, vale ressaltar que, ao lado de um movimento de tendência autoritária, de atração pela tirania, constituiu-se na sociedade brasileira uma profunda rede de organismos autônomos de exercício democrático, fruto da própria luta contra a tirania e a expropriação dos trabalhadores pelos oligopólios. Sem estatuto oficial, essa rede está presente em nosso dia a dia, como um veio fundo de democracia e de possível cidadania.

CIDADANIA, UMA CATEGORIA ESTRATÉGICA PARA UMA SOCIEDADE MELHOR

Por que a categoria cidadania?

Numa era em que os modelos revolucionários desencadeadores do socialismo do Leste perdem credibilidade, o que colocar em seu lugar para satisfazer o sonho — que o homem sempre terá — de alcançar uma sociedade melhor? Para refletir sobre isso, retornemos ao período riquíssimo da burguesia revolucionária e bebamos em suas fontes, naquilo que se propôs e não se realizou. Bebamos também na fonte marxista, no que acenou e igualmente não realizou.

Em maior ou menor grau, temos no Ocidente a realização da democracia formal. Como já foi dito, algumas nações como a Inglaterra e países nórdicos, depois outros tantos passaram pela experiência do Welfare State, que mesmo com o desgaste causado pela hegemonia do capital financeiro, guardam, de certo, um significado possível de avanço estrutural no encaminhamento da democracia. Isso particularmente nos últimos anos, com a crise mundial enfrentada no fim da primeira década do século XXI, em que a forma de reger a sociedade com economia calcada na hegemonia do capital financeiro é posta em dúvida, e com a necessidade de encontrar rumos novos para conter a crise.

No âmbito do Welfare State, há espaço para o desenvolvimento da democracia, uma vez resguardado o traço básico da existência de cidadania – o fato de as pessoas exteriorizarem, na ação social, a crítica construtiva do comum. Nesse processo, elas podem lidar com o uso da tecnologia como instrumento básico da exploração do capital e lutar para reverter o direcionamento tecnológico no sentido de atender, cada vez mais, ao bem-estar da maior parte da população do planeta.

Tal ação social crítica diz respeito ao exercício da cidadania como processo inventivo de cada um e de todos, de forma que possamos ter as mesmas condições comuns, regidas por normas legais de que possamos fazer uso igualmente. Avançamos daí para maior democracia.

A categoria cidadania, como tento distingui-la, depende da ação dos sujeitos e dos grupos básicos em conflito, e também das condições globais da sociedade. No decorrer da história, tivemos em nossos modelos de desenvolvimento posturas que enfatizaram ora os sujeitos, ora as estruturas e seus próprios mecanismos, como agentes da história. A categoria cidadania permite avançar no pressuposto dialético marxista: os homens fazem História, segundo determinadas circunstâncias estruturais — o que significa não pender nem para os sujeitos, nem para as estruturas. Nisso reside a possibilidade de fazer a ligação entre os desejos e as necessidades dos homens, enquanto indivíduos (subjetividades) e enquanto sujeitos grupais no bairro, nas fábricas, sindicatos, partidos, até chegar ao âmbito global da sociedade.

Subjetividade, classe, cidadania e cotidiano

Distintamente do marxismo ortodoxo (ao menos de parte dele), quero enfatizar que a "revolução" por uma sociedade melhor passa pela revolução nas subjetividades das pessoas. Um dos níveis dessa revolução está na possibilidade de o homem contemporâneo romper cotidianamente com as trevas da alienação (e uma delas seria o consumismo exagerado, compulsivo). Isso se daria, a todo instante, nas relações diárias, criando relações que eliminem o homem "marcado" historicamente e apontem, dentro desse homem, o ser universal que possui. Trata-se de pensar, sentir e agir no sentido de que a democracia se constrói a todo instante, nas relações sociais de que fazemos parte.

Mas essa revolução interna não é fácil: ou é fruto de "terapia", ou da religiosidade, ou de uma viagem poética, artística. Excluo aqui as terapias que tentam "adaptar o homem ao mundo", numa linha positivista. Penso em terapias que não percam a perspectiva histórica, mas que proporcionem aos indivíduos a força necessária para poderem ser eles mesmos, melhorar as relações sociais de que participam e nisso estarem abertos para poder lidar com o mundo e fazê-lo avançar.

Também não falo aqui da religião que desenvolve um subjetivismo para o além-mundo. Refiro-me àquele traço espiritual que permite ao homem perceber-se e perceber seu espaço no Universo, e que promove forças para ajudar a mudar o mundo. E falo do poeta, do artista, ou mesmo quem jamais escreveu ou criou arte, mas pode desenvolver a própria sensibilidade, a qualidade de fazer os vínculos de dentro e de fora, do mundo externo e interno, infinitamente, e que se preocupe com o Universo como um todo e, portanto, com o seu destino.

Esses possíveis propiciadores, bem próximos, dizem respeito à capacidade de trazer para fora a subjetividade, no sentido de expressá-la no mundo. É a "identidade" (no movimento das inúmeras identificações) que compõe o indivíduo, que pode emergir e, ao mesmo tempo, é pensamento e ação para lidar com o mundo, para organizá-lo melhor na direção do que parece ser o sonho recôndito dos homens – a busca de formas possíveis de justiça e igualdade, liberdade e ao mesmo tempo de individualidade, embora impliquem uma relação complexa, difícil de resolver.

Na perspectiva interna de quem sofre o processo, a internalização da racionalidade formal, exigida para se viver no capitalismo, ou o que aparece no marxismo como processo de alienação, cria na alma do indivíduo uma parte morta ou amortizada. Os três propiciadores mencionados acima podem ajudá-lo a vivenciar, tornar vívido o que o amortalha. Nesse espaço interno vivificado pode-se vislumbrar o vínculo com a área do desejo. É o desejo que motiva o ser humano a agir dessa ou daquela forma, como expressão do próprio fluxo da vida.

É preciso resgatar o desejo. Insisto, o que chamei de propiciadores da revolução individual pode ajudar no desbloqueio e desnorteamento do desejo. Os meios de comunicação, por exemplo, veiculam estilos de vida como a forma de viver. Entretanto, cada indivíduo deve encotrar a *sua* forma de viver. Outro exemplo de superação dessa mortalha está na importância do trabalhador diante da empresa. Se ele consegue, por meio desses propiciadores, buscar dentro de si a sensação de poder, poderá melhor barganhar os seus direitos.

Essa revolução interna é traço essencial para a existência da cidadania. Todavia, sua construção depende também de outras dimensões. É preciso haver uma educação para a cidadania. A violência perpassa o cotidiano das pessoas de inúmeros segmentos, especialmente das mulheres, presos, negros, crianças e idosos. Há um sofrimento que tem lugar no âmbito privado e não vem a público, a não ser que essas pessoas tomem consciência de seus direitos como cidadãos e se organizem para lutar por eles. Ou que haja pessoas (grupos, organizações) que possam ajudá-los a se organizar na direção da cidadania, de quem tem direitos. É preciso criar espaços para reivindicar os direitos, mas é preciso também estender o conhecimento a todos, para que saibam da possibilidade de reivindicar.

E o que fazemos com a classe social, se enfatizo tanto a individualidade, a subjetividade? Bem, a classe é composta de indivíduos cujos desejos devem ser levados em conta. Não se trata de uma categoria estrutural estática; é na prática que os trabalhadores se formam como classe.

A divisão em duas classes aparece como tendência histórica, resultante de muitas articulações. Basicamente, essas duas classes se distinguiram pela sua posição diante da propriedade: uma tem tudo ou quase tudo; a outra não tem nada, ou muito pouco. Não jogo fora essa definição porque, grosso modo, a história da humanidade tem sido assim: relação entre homens livres e escravos (Grécia, Roma), entre servos e clero/nobreza (sociedade feudal), entre burguesia e proletariado, e hoje, como prefiro denominar, entre capitalistas/tecnocratas e trabalhadores. Dessa forma, o conceito de classe expressa a desigualdade estrutural entre os homens.

Devemos reter esse esquema analítico das classes como um contexto mais remoto. Contudo, na relação entre subjetividade e classe, serve melhor o conceito de que a classe existe no seu efetivo "acontecer". E para isso é necessário que seus possíveis componentes se percebam como são, e tornem-se suficientemente fortes para saber o quê e como ser demantários coletivos. Ou seja: a classe deve construir-se para existir, no desenvolvimento das próprias reivindicações e lutas — no interior da fábrica, no bairro, em um movimento social, ou mesmo em um movimento espontâneo.

Cidadania, conselho de fábrica e movimentos sociais

Diante das profundas modificações no capitalismo, em que a luta mais ampla direciona-se para o Estado, Capital e Trabalho, estes podem de certa forma conviver, embora seus agentes sejam conscientes do conflito, e estabelecer normas que permitam construir uma sociedade melhor.

No caso brasileiro, isso parece um tanto utópico e ilusório. Mas, em termos de possibilidades históricas, trata-se de a tecnologia não servir apenas aos capitalistas, mas também aos trabalhadores. Determinados empresários e administradores de alto nível podem ter uma visão avançada do processo social, de tal modo que suas empresas tornem-se, de certa maneira, patrimônio da sociedade.

Não há como ser ingênuo a ponto de pensar que todos os empresários participariam dessa visão mais avançada do processo social. Está aí boa parte da população brasileira, faminta e injustiçada, para documentar o contrário.

Mas não há mudança sem a ofensiva do trabalhador-cidadão. Por exemplo, pode haver exercício democrático no interior das fábricas quando os trabalhadores conseguem se organizar e lutar — com representações, debates, decisões coletivas em assembleias — contra pontos fundamentais para a exploração da divisão social do trabalho: horário de trabalho e descanso, transporte para o serviço, alimentação na fábrica etc.

Em movimentos sociais, essa mesma organização pode se dar num bairro, em torno de reivindicações ligadas ao chamado salário social — saneamento, água, luz, asfalto, creche etc. É com essas lutas, na fábrica, na rua, na favela, que se amplia a cidadania para a população carente.

Partidos, sindicatos e exercício da cidadania

A relação entre tipos de organização mais espontâneas (nas quais emerge o sujeito coletivo) e outras mais estruturais (mesmo as que se propõem em defesa dos interesses dos trabalhadores ou da população mais ampla, como sindicatos e partidos) merece uma certa atenção. Como fica a questão da cidadania diante de transfigurações que podem ser operadas por essas organizações, em relação aos interesses originais que as geraram?

O sindicato, que deveria ser órgão de representatividade por excelência dos trabalhadores, adquire também, na etapa contemporânea, uma faceta perversa. De um lado, figuram os sindicatos que permanecem leais àquela representatividade, apoiando as lutas fabris e incorporando-as a uma melhor negociação global. Um bom exemplo é o das greves dos metalúrgicos de São Bernardo, esparsas em 1978 e, nos anos seguintes, encampadas pelo Sindicato.

De outro, existe o sindicato do qual o governo não pode abrir mão, hoje, para governar. Esses sindicalistas são os próprios gestores de seus companheiros, administradores da mão de obra, que dirimem da melhor forma possível os conflitos entre governo e trabalhadores. Esse gênero de sindicato existe também na Europa.

No caso brasileiro, essa divisão parece que fica mais clara em determinado momento; por exemplo: de um lado, a Central Única dos Trabalhadores (CUT), de outro, o "sindicalismo de resultado" da Central Geral dos Trabalhadores (CGT) de Antônio Rogério Magri (não por acaso, na época, nomeado ministro do Trabalho e da Previdência Social no governo Collor). Neste exemplo, tanto a CUT quanto a CGT aparecem atravessadas por uma cultura fragmentada dos trabalhadores, que inclui, consequentemente, uma visão diversa em cada grupo do que é cidadania.

Quanto à relação entre organizações espontâneas e partidos, há sempre a possibilidade de as primeiras serem cooptadas pelos segundos. Também aqui reaparece a dubiedade no encaminhamento do exercício da cidadania. De um lado, elementos de partidos se infiltraram nessas organizações, no sentido de torná-las mais efetivas. Se, nesse processo, eles as respeitam, então são catalizadores do que esses movimentos fazem e podem até ajudar a esclarecer o que realmente se deseja, desde que exista aquela experiência da pólis — a da coisa pública tornada visível, resolvendo-se tudo pelo diálogo, pela persuasão, pelo argumento.

Mas tal situação pode ser ambígua, se os elementos de partidos, "persuasivos", manipularem e transformarem os espaços, conquistados para a democracia e cidadania em espaço cooptado que lhe seja útil, partidária e estruturalmente. Pensemos aqui em partidos considerados representativos dos trabalhadores, catalizadores reais de reivindicações.

O Brasil se caracteriza por essa ampla rede de organizações autônomas, criadas na década de 1970 como resultado da própria exclusão e repressão a que se viu relegada a classe trabalhadora no período da ditadura.

O próprio Estado criou um oponente, organizado de forma diversa e no qual se destaca o apoio da ala progressista da Igreja, que exerceu a democracia, paralelamente, mesmo nos anos da ditadura. Afastado todo esse tempo do espaço estatal, esse oponente tem agora que lidar com o aceno de certo espaço também no Estado — e, por sua vez, contaminá-la.

A possível contaminação de ambos os polos ocorre, não apenas na relação dialética entre organizações espontâneas e Estado, mas também naqueles níveis de conselho de fábrica e sindicato. Os conselhos de fábrica podem ser minados pelo corporativismo do sindicato, mas os sindicatos também acabam se modificando com a participação dos representantes de fábrica no interior do sindicato.

Não creio que possamos dispensar canais de representação, como os sindicatos ou os partidos, para chegar até o espaço do Estado. Mas trata-se de estar alerta para a atuação desses organismos mais estruturais, em termos dos interesses efetivos dos trabalhadores ou da população que reivindica.

Cidadania do consumo *versus* Cidadania plena: a construção do novo

Observe-se que a proposta mais avançada do capitalismo na prática foi (e ainda é) o Welfare State. Todas as modificações que apresenta em relação ao capitalismo liberal, de algum modo, e ainda que dubiamente, apontam para um processo que leva a uma sociedade melhor. No Estado do bem-estar, coloca-se uma cidadania que também é dúbia, mas que pode ser rica e proveitosa.

De um lado, ela advém da proposta de transformar o trabalhador em consumidor, servindo para estimular o consumo e neutralizar os trabalhadores enquanto sujeitos atuantes, tornando-os sujeitos que "recebem". Desmobilizando, portanto, as organizações trabalhistas e, assim, melhor servindo à acumulação de oligopólios; daí resulta um conglomerado de consumidores.

Essa cidadania dúbia não se baseia na ação de sujeitos que contribuem para a questão da coisa pública, restringindo-se a uma proposta de atendimento das necessidades básicas e de acesso aos bens da civilização, proporcionados pela tecnologia. É um aceno de conteúdo passivo à igualdade. Consequentemente, é uma cidadania de não sujeitos, de seres passivos, de conformismo com a sociedade, de preocupação com o consumo.

No mundo atual, as horas vagas de muitos trabalhadores são gastas em consumir, negligenciando-se o debate público, o exercício prático da cidadania. Ao mesmo tempo, sem a ocupação da esfera pública pelos homens, não pode existir de fato a esfera pública – não pode existir realmente cidadania. Com a ênfase no consumo, há a economia de desperdícios e do descartável, em que todas as coisas (mercadoria material, valores e ideias) são devoradas e abandonadas tão rapidamente quanto possível.

Isso se deve não só aos traços estruturais sobre os quais os poderes econômico e político se apoiam (e que podem manipular os cidadãos), mas também à opção dos sujeitos que compõem determinada sociedade por um tipo de vida. Quero dizer que os indivíduos-sujeitos também são responsáveis (e não apenas vítimas) por esse tipo de comportamento da chamada sociedade e cultura de massas. Falta-lhes realizar a sua revolução individual-cultural e desenvolver uma nova ética social.

De outro lado, contudo, a proposta de cidadania da etapa atual permite abrir espaço para a retomada daquele exercício de cidadania do período do avanço revolucionário da burguesia, com a vantagem de que, agora, a sociedade tecnológica criou bens e condições de atender realmente a todos os homens do planeta. Isso depende de uma condição *sine qua non* — a de que os sujeitos precisam construir o possível nesse espaço aberto, lutando por todos os direitos do cidadão. E lembrando sempre: o que se reivindica tem relação íntima com o modo usado para reivindicar.

A bandeira de luta da cidadania plena deve ser transformar o cotidiano do trabalhador em algo bom, satisfatório, sob condições que respeitem a própria vida, dando chance também à questão do desejo — a identificação do indivíduo com as atividades que realiza.

Num segundo momento, reitero o pressuposto básico para a existência da cidadania: o de que os sujeitos ajam e lutem por seus direitos. Assim, é preciso que essa prática ocorra sempre, na fábrica, no sindicato, no partido, no bairro, na escola, na empresa, na família, na favela, na rua etc. É preciso trazer as coisas até o visível político (ter presente sempre a negociação), para que o cotidiano se transforme historicamente.

Aqui, detenho-me num impasse: a justiça existente é capaz de dar conta dos inúmeros fatos que ocorrem nos movimentos sociais? Reflitamos sobre o relacionamento entre a lei e o real. Por exemplo: ocorre uma greve condicionada por leis injustas. Para que a greve possa continuar com o seu espírito, fatos têm mostrado que um momento criativo pode ajudar a criar o novo (normas, negociações reconstruídas para aquela situação), sem romper completamente com a lei. Trata-se de construir a justiça, pois a própria Constituição é um processo, e não uma Carta estagnada. Uma nova leitura da realidade se torna a própria realidade; nisso, construímos o novo em torno do qual os personagens se aglutinam, lutando por algo que antes não viam, nem os outros. Permanece no centro do debate a questão da noção de justiça – de isonomia, de igualdade perante à lei – contraposta à noção de justiça construída nas múltiplas relações intersubjetivas.

Em suma, insisto sobre os contornos da cidadania plena. O primeiro passo é aquela revolução interna, na qual o rompimento com o autoritarismo e com o consumismo começa em cada uma das subjetividades – em cada um de nós, e a todo momento – e da qual extraímos a força subjetiva de se sobrepor ao cotidiano e, pouco a pouco, ao mundo, ao capitalismo, em sua face deletéria. Externamente, em termos de sociedade global, devem ser mantidas as condições mínimas de democracia como espaço para avançar.

Então, torna-se possível o desenvolvimento daquela ação social de conteúdo coletivo dos trabalhadores, no campo econômico, para obter os bens e direitos a que fazem jus. E, também, o exercício da ação social no nível político, como construção da democracia em seu sentido mais amplo – de uso da persuasão, do argumento, de construção da justiça, liberdade, igualdade.

Retomo aqui, pela última vez, a dubiedade da cidadania: de um lado, a cidadania esvaziada, consumista; de outro, a cidadania plena, dos que atuam nos vários níveis sociais para atingir o nível mais abrangente do mundo, avançando, nessa ação, como sujeitos em direção ao devir (e ao destino da Terra em seu navegar pelo Universo).

É um imenso desafio, caro leitor, mas não valerá a pena continuar essa revolução pela cidadania aqui e agora, a partir deste momento em que você terminou pacientemente esta leitura?

INDICAÇÕES PARA LEITURA

A bibliografia sobre o tema da cidadania é bastante ampla, principalmente em países onde mais se desenvolveu o Estado do bem-estar, como na Inglaterra, nos países escandinavos (e posteriormente Itália e Alemanha). Contudo, vou me restringir a alguns textos que, por sua vez, podem levar a outras bibliografias de interesse do leitor.

Um texto clássico é *Cidadania, classe social e status* (Citizenship and social class), de T. H. Marshall, publicado no Brasil pela Jorge Zahar. Nele o autor faz uma importante discussão sobre cidadania e classe, e a contradição que essa relação encerra (a primeira categoria aponta para igualdade e a segunda para desigualdade). Foi Marshall quem estabeleceu o aparecimento dos direitos civis, políticos e sociais correspondendo, cada um deles, às etapas do capitalismo: mercantilismo, liberalismo e monopolismo. Com certa ressalva, diria que se processou, nas três situações, mais o direito de reivindicá-los do que o cumprimento de tais direitos.

Para quem deseja saber mais sobre a origem da cidadania, da pólis grega ao liberalismo, eu indicaria Hannah Arendt (*A condição humana*, Forense Universitária), Ernest Cassirer (*Filosofía de la ilustración*, Fondo de Cultura Económica) e Norberto Bobbio (*O futuro da democracia*, Paz e Terra). Outra interessante reflexão sobre cidadania e Estado de direito, apontando para o socialismo, é a de Elias Diaz (*Estado de direito e sociedade democrática*, Iniciativas Editoras).

Sobre o exercício da cidadania e a construção da história na busca de uma vida melhor, sugiro todos os textos de Agnes Heller, principalmente *O quotidiano e a história* (Paz e Terra). No Brasil, diante das décadas de governos ditatoriais e do massacre da classe trabalhadora, com estatuto de quase não cidadã, quase sem direitos, sugiro textos como *Brasil nunca mais* (Lopes), *Crescimento e pobreza* (Loyola) e *O povo em movimento* (Vozes).

Sobre o possível exercício da cidadania no âmbito mais amplo da população, seria importante ler tudo o que for possível sobre movimentos sociais. Destaco *Quando novos personagens entram em cena* (Paz e Terra), de Eder Sader, que trata das experiências e lutas dos trabalhadores em São Paulo, na passagem da década de 1970 para a de 1980. Nele, além da riqueza do texto, o leitor encontrará ampla indicação bibliográfica sobre movimentos e lutas populares.

Quanto à discussão dos direitos sociais no capitalismo contemporâneo brasileiro, permito-me indicar o capítulo 3 de meu livro *A fala dos homens* (Brasiliense). Ali, discute-se como a classe trabalhadora foi relegada a uma situação de quase exclusão, e assim mantida por repressão. "Distributivismo" e "produtivismo" não significam propriamente distribuição e não distribuição; são conceitos que expressam formas de os grupos dominantes lidarem com os direitos sociais (políticas salarial, de saúde, habitação etc.), no período da chamada "democracia populista" e período pós-1954, respectivamente.

Lembro ainda a coletânea *A cidadania que não temos* (Brasiliense), da qual fui organizadora. Meu ensaio nessa obra ("Capital monopolista — Da cidadania que não temos à invenção democrática") foi a primeira reflexão básica para a escrita do presente livro. Dessa coletânea constam, ainda, diversos outros artigos importantes sobre direito à alimentação, à educação, à saúde, à habitação, e sobre a questão da cidadania.

Recomendo também a coletânea *Direito, cidadania e participação* (T. A. Queiroz), o livro *Cidadania e justiça* (de Wanderley Guilherme dos Santos, Campus) e o artigo de Maria Celia P. M. Paoli, "Violência e espaço civil", na obra *Violência brasileira* (Ed. Brasiliense) — a autora indica ampla bibliografia sobre a relação violência e cidadania.

Sugiro ainda o ensaio de Francisco de Oliveira, "O surgimento do antivalor" (*Estudos Cebrap* 22, out 1988), bastante instigante para pensar a questão do Welfare State e, portanto, da cidadania.

SOBRE A AUTORA

Maria Lourdes Cerquier-Manzini (Maria de Lourdes Manzini-Covre) é cientista social, psicanalista, livre docente pela Universidade de São Paulo (USP) e coordenadora do Núcleo de Estudos de Subjetividade, Cultura e Cidadania (Nescci) da USP. Desenvolveu atividades de pesquisa e docência junto à Universidade de Bolonha, na Itália.

É autora de várias obras, destacando-se *A fala dos homens* – Uma matriz do Estado de mal-estar (Brasiliense, 1982); *Educação, tecnocracia e democratização* (Ática, 1990); *A formação e ideologia do administrador de empresa*

(Cortez, 1991); *No caminho de Hermes e Sherazade* — Cultura, cidadania e subjetividade (Vogal, 1996); *Mudança de sentido, sujeito e cidadania* — Novos paradigmas em Ciências Sociais (Expressão e Arte, 2005).

Coleção Primeiros Passos
Uma Enciclopédia Crítica

- ABORTO
- AÇÃO CULTURAL
- ADMINISTRAÇÃO
- AGRICULTURA SUSTENTÁVEL
- ALCOOLISMO
- ANARQUISMO
- ANGÚSTIA
- APARTAÇÃO
- APOCALIPSE
- ARQUITETURA
- ARTE
- ASSENTAMENTOS RURAIS
- ASTROLOGIA
- ASTRONOMIA
- BELEZA
- BIBLIOTECA
- BIOÉTICA
- BRINQUEDO
- BUDISMO
- CAPITAL
- CAPITAL FICTÍCIO
- CAPITAL INTERNACIONAL
- CAPITALISMO
- CÉLULA-TRONCO
- CIDADANIA
- CIDADE
- CINEMA
- COMPUTADOR
- COMUNICAÇÃO
- COMUNICAÇÃO EMPRESARIAL
- CONTO
- CONTRACULTURA
- COOPERATIVISMO
- CORPOLATRIA
- CRISTIANISMO
- CULTURA
- CULTURA POPULAR
- DARWINISMO
- DEFESA DO CONSUMIDOR
- DEFICIÊNCIA
- DEMOCRACIA
- DEPRESSÃO
- DESIGN
- DIALÉTICA
- DIREITO
- DIREITOS DA PESSOA
- DIREITOS HUMANOS
- DIREITOS HUMANOS DA MULHER
- DRAMATURGIA
- ECOLOGIA
- EDUCAÇÃO
- EDUCAÇÃO AMBIENTAL
- EDUCAÇÃO FÍSICA
- EDUCAÇÃO INCLUSIVA
- EDUCAÇÃO POPULAR
- EDUCACIONISMO
- EMPRESA
- ENFERMAGEM
- ENOLOGIA
- EROTISMO
- ESCOLHA PROFISSIONAL
- ESPORTE

Coleção Primeiros Passos
Uma Enciclopédia Crítica

ESTATÍSTICA
ÉTICA
ÉTICA EM PESQUISA
ETNOCENTRISMO
EVOLUÇÃO DO DIREITO
EXISTENCIALISMO
FAMÍLIA
FEMINISMO
FILOSOFIA
FILOSOFIA CONTEMPORÂNEA
FILOSOFIA MEDIEVAL
FÍSICA
FMI
FOLCLORE
FOME
FOTOGRAFIA
GASTRONOMIA
GEOGRAFIA
GOLPE DE ESTADO
GRAFFITI
GRAFOLOGIA
HIEROGLIFOS
HIPERMÍDIA
HISTÓRIA
HISTÓRIA DA CIÊNCIA
HOMEOPATIA
IDEOLOGIA
IMAGINÁRIO
IMPERIALISMO
INDÚSTRIA CULTURAL
INTELECTUAIS

ISLAMISMO
JAZZ
JORNALISMO
JORNALISMO SINDICAL
JUDAÍSMO
LAZER
LEITURA
LESBIANISMO
LIBERDADE
LINGUÍSTICA
LITERATURA DE CORDEL
LITERATURA INFANTIL
LITERATURA POPULAR
LOUCURA
MAIS-VALIA
MARKETING
MARXISMO
MEDIAÇÃO DE CONFLITOS
MEIO AMBIENTE
MENOR
MÉTODO PAULO FREIRE
MITO
MORAL
MORTE
MÚSICA
MÚSICA SERTANEJA
NATUREZA
NAZISMO
NEGRITUDE
NEUROSE
NORDESTE BRASILEIRO

Coleção Primeiros Passos
Uma Enciclopédia Crítica

OLIMPISMO
PANTANAL
PARTICIPAÇÃO
PARTICIPAÇÃO POLÍTICA
PATRIMÔNIO CULTURAL IMATERIAL
PATRIMÔNIO HISTÓRICO
PEDAGOGIA
PESSOAS DEFICIENTES
PODER
PODER LOCAL
POLÍTICA
POLÍTICA SOCIAL
POLUIÇÃO QUÍMICA
POSITIVISMO
PÓS-MODERNO
PRAGMATISMO
PSICOLOGIA
PSICOLOGIA SOCIAL
PSICOTERAPIA
PSICOTERAPIA DE FAMÍLIA
PSIQUIATRIA FORENSE
PUNK
QUESTÃO AGRÁRIA
QUÍMICA
RACISMO
REALIDADE
RECURSOS HUMANOS
RELAÇÕES INTERNACIONAIS
REVOLUÇÃO
ROBÓTICA
SAUDADE
SEMIÓTICA
SERVIÇO SOCIAL
SOCIOLOGIA
SUBDESENVOLVIMENTO
TARÔ
TAYLORISMO
TEATRO
TECNOLOGIA
TEOLOGIA
TEOLOGIA FEMINISTA
TEORIA
TOXICOMANIA
TRABALHO
TRABALHO INFANTIL
TRADUÇÃO
TRANSEXUALIDADE
TROTSKISMO
TURISMO
UNIVERSIDADE
URBANISMO
VELHICE
VEREADOR
VIOLÊNCIA
VIOLÊNCIA CONTRA A MULHER
VIOLÊNCIA URBANA
XADREZ